供应链管理专业协会（CSCMP）

[美] 斯科特·凯勒（Scott B. Keller） 著
布赖恩·凯勒（Brian C. Keller）

黄薇 译

供应链与仓储管理

选址、布局、配送、库存管理与安全防护

人民邮电出版社

北 京

图书在版编目（CIP）数据

供应链与仓储管理：选址、布局、配送、库存管理与安全防护 / 美国供应链管理专业协会（CSCMP），（美）斯科特·凯勒，（美）布赖恩·凯勒著；黄薇译. -- 北京：人民邮电出版社，2020.11（2024.2重印）
ISBN 978-7-115-54196-3

Ⅰ. ①供… Ⅱ. ①美… ②斯… ③布… ④黄… Ⅲ. ①供应链—仓库管理 Ⅳ. ①F252.1②F253

中国版本图书馆CIP数据核字（2020）第107166号

内 容 提 要

本书是规划、实施和优化供应链仓储管理的权威、完整指南，汇集了新的策略和决策，可帮助读者优化仓储管理的多个方面。

全书介绍了多种仓储选项、基本的仓储存储和处理操作、战略计划，以及仓储设计和服务决策对总物流成本和客户服务的影响。通过阅读本书，读者将了解当前仓储业面临的挑战和机遇，掌握关键流程和技术，从而在设施选址、设施挑选等方面做出更好的决策。

本书内容集系统性、理论性、可操作性于一体，可为读者提供全景化的视角、洞见和解决方案。不管是企业的经营管理人员，还是仓储部门的工作人员，抑或是企业的培训师、咨询师，都可以通过阅读本书来全面了解仓储管理的各个方面。

◆ 著　　[美] 供应链管理专业协会（CSCMP）
　　　　斯科特·凯勒（Scott B. Keller）
　　　　布赖恩·凯勒（Brian C. Keller）
　译　　黄　薇
　责任编辑　马　霞
　责任印制　周昇亮

◆ 人民邮电出版社出版发行　　北京市丰台区成寿寺路 11 号
　邮编　100164　　电子邮件　315@ptpress.com.cn
　网址　https://www.ptpress.com.cn
　涿州市般润文化传播有限公司印刷

◆ 开本：700×1000　1/16
　印张：20.25　　　　　2020 年 11 月第 1 版
　字数：231 千字　　　2024 年 2 月河北第 8 次印刷
　著作权合同登记号　图字：01-2019-7546 号

定价：79.80 元

读者服务热线：(010)81055296　印装质量热线：(010)81055316
反盗版热线：(010)81055315
广告经营许可证：京东市监广登字 20170147 号

献给凯伦·凯勒（Karen C. Keller）——我的母亲、朋友和家庭的后勤保障。

关于作者

斯科特·凯勒（Scott B. Keller）是西佛罗里达大学的物流与市场营销学教授。他获得了阿肯色大学的博士学位，并在宾夕法尼亚州立大学和密歇根州立大学任教。他的主要研究方向是员工发展和绩效方面的问题，以及物流运营中以市场为导向的文化的发展。他为许多公司提供过研究成果，关于物流的主流杂志中都有他发表的作品。他是《国际物流管理杂志》（*International Journal of Logistics Management*）的联合主编，《商业物流杂志》（*Journal of Business Logistics*）的副主编和 CSCMP 的成员。他拥有丰富的仓储、汽车运输运营和海运码头运营方面的经验。

布赖恩·凯勒（Brian C. Keller）于 2006 年成为独立顾问。他曾为公司以及政府机构［包括创新与技术转型国防部副部长办公室、国防部高级研究计划局（DARPA）和国防科学委员］会提供了很多支持。此前，凯勒曾是 GMA 公司（GMA Cover Corporation）的董事长兼总裁。GMA 公司是一家设计、制造和支持包括超轻型伪装网系统（ULCANS）在内的签名管理产品的跨国公司。在凯勒任职期间，GMA 赢得了美国陆军部一份价值 17 亿美元的超轻型伪装网系统采购合同。加入 GMA 之前，凯勒曾是斯图尔特与史蒂文公司（Stewart & Stevenson，现为 BAE 的一部分）的副总裁，负责中型战术车辆家族（FMTV）A1R 计划，成功获得了价值 40 亿美元的再购合同。在 21 年的军事生涯中，凯勒先后担任过后勤官、中校和陆军后勤保障系统的产品经理。他是哈佛商学院的校友，拥有美国西点军校的理学学士学位，佛罗里达理工学院的 MBA 学位以及亚拉巴马大学的工业工程硕士学位。

推荐序一

从认识与操作两个层面去创新供应链

什么是供应链？根据2012年《物流术语》国家标准，"供应链是生产与流通过程中，为了将产品与服务交付给最终用户，由上游与下游企业共同建立的网链状组织"；在2017年国务院办公厅颁布的《关于积极推进供应链创新与应用的指导意见》中，"供应链是以客户需求为导向，以提高质量和效率为目标，以整合资源为手段，实现产品设计、采购、生产、销售、服务等全过程高效协同的组织形态"。这两种定义是一致的，从网链状组织到组织形态、商业模式和治理结构，定义有了提升。国外研究者对供应链的定义更多，但大同小异。

中国供应链的发展，我认为要从认识与操作两个层面去促进。毛主席在《实践论》中有一个精辟论断："感觉只解决现象问题，理论才解决本质问题。"他还引用别人一段话："理论若不和革命实践联系起来，就会变成无对象的理论，同样，实践若不以革命理论为指导，就会变成盲目的实践。"理论源于实践，又反作用于实践。不解决供应链的认识问题、理论问题，就会变成盲目的供应链实践。

对供应链的认识我认为主要是三个方面：一是供应链的本质是什么；

二是供应链与物流是什么关系；三是供应链对推进国民经济发展以及经济全球化起什么作用。

帕拉格·康纳（Parag Khanna）在《超级版图》一书中有句名言："供应链大战的目的不在于征服，而是要与世界上最重要的原材料、高科技和新兴市场建立起物理和经济上的联系。21世纪，谁统治了供应链，谁就统治了世界。"2012年，美国政府签发了《美国全球供应链国家安全战略》，把供应链上升为国家战略。2020年，新冠肺炎疫情在全球蔓延，对世界经济发展造成巨大冲击，习总书记说："确保全球供应链开放、稳定、安全。"这些充分体现了供应链的地位与作用，这种体现企业、产业、城市、区域与国家竞争力的软实力无可替代。

如果说2005年美国物流管理协会（Council of Logistics Management，CLM）更名为供应链管理专业协会（Council of Supply Chain Management Professionals，CSCMP），标志着全球进入供应链管理时代，那么2017年国务院办公厅颁布的《关于积极推进供应链创新与应用的指导意见》，标志着中国进入了现代供应链新阶段。

2018年，《财富》（Fortune）杂志公布的世界500强企业中，前25位有5家中国企业，前100位有22家中国企业，但由高德纳（Gartner）公司每年公布的全球供应链25强企业中，中国没有一家；在100强的排名中，中国企业只有3家，即联想（第26位）、华为（第35位）、海尔（第41位）。在供应链管理领域，中国还有很大的进步空间，我们刚刚起步，必须奋起直追。

追赶需要落实，需要创新，实践就要提上议事日程。从国家层面，266家供应链试点企业、55座试点城市以及多个产业部门进行了积极探索，取得了阶段性成果。从市场层面，许多企业从实际出发，推进供应链的应用与创新，总结了不少典型模型。但从总体上讲，一些企业没有"上道"，过于浮躁，缺乏总体设想，片面地追求不切实际的目标。

供应链管理的理想模式是生产企业和物流企业形成长期、稳定的供应链伙伴关系，企业将物流作为生产能力的一部分。从原材料采购、生产制造、成本控制、交付到维修回收，企业采用一体化的供应链管理流程。标准的流程才可能降低总体供应链管理成本，提高投资回报率。目前国际上主流的供应链管理流程有 SCOR 模型、CSCMP 流程标准与全球供应链论坛提供的供应链流程。

CSCMP 作为全世界公认的物流和供应链领域权威的专业协会之一，提出了《供应链管理流程标准》第 1 版和第 2 版，将供应链流程划分为计划、采购、制造、交付和回收 5 个基本结构。在 5 个基本结构的基础上，增加了一个执行的流程，总共 6 个部分。每个主要流程都包括了很多次级流程。

由人民邮电出版社出版的供应链系列图书，充分体现了这个标准流程的 6 个部分。这套丛书是国际供应链专家的经验之作，代表了当代供应链理论与实操的较高水平，对提升中国企业供应链管理水平将起到很好的作用。我们要特别感谢 CSCMP 中国圆桌会协助引进这套教材，要感谢所有参与翻译、审校的各位专家，他们付出了大量的心血。

中国经济正处于转型发展阶段，而企业是国民经济的"细胞"，没有企业的转型发展，特别是制造业的转型发展，就没有国家的转型发展。

打造一个开放、稳定、高效、绿色、安全的弹性供应链，关系到国家的安全。

丁俊发

中国知名流通经济学家、资深物流与供应链专家

享受国务院特殊津贴

推荐序二

时代变革与供应链管理者的使命

从电商到新零售，从贸易摩擦到抗击新冠疫情，供应链管理正在走向舞台的中央——供应链管理者的角色与使命从来没有像今天这么重要。当供应链管理上升为国家战略，当供应链管理成为新的职业，供应链管理者的时代已经来临。

如何成为好的供应链管理者？如何找到最佳的知识源泉？哪一种知识体系最权威？你选择的路径决定你的出路——你不能走错路重来，否则那时候你会发现已经远远地落在别人后面了。CSCMP参与组织引进的这套书，为你指引了方向。

过去20多年的时间里，我所做的一项重要工作，就是引入美国的供应链内容资源与知识体系。

几年前，我也曾在国内高校供应链课程建设研讨会上讲述美国的物流与供应链教育。

从2000年起，我坚持每年去美国参加全球物流年会。2005年，美国的物流管理协会更名为供应链管理专业人员协会（简称"供应链管理专业协会"），标志着全球物流进入供应链时代。这件事大家可能已经听过很多次了。2004 年 9 月 24 日在北京举办的第五届中国国际物流高峰会上，我发表了"时代变革与物流的使命"主题演讲，在今天看来，我当年的观点仍然不过时。

2004 年发表演讲时，我已经知道 2005 年美国物流管理协会要更名。2005 年的全球物流年会在美国加州的圣迭戈举办，主题为"追赶供应链浪潮"，讨论的核心是物流全面拓展到供应链管理领域。之后的事情可能大家都知道了。2006 年，CSCMP 推出《供应链管理流程标准》，2007 年清华大学出版社出版了由我牵头翻译、校对的中文版。到撰写这篇推荐序时，《供应链管理流程标准》第 2 版的中文版也即将付印出版了。这两版流程标准，成为供应链管理知识体系的核心。

中国进入供应链时代，是以 2017 年国务院办公厅颁布的《关于积极推进供应链创新与应用的指导意见》为标志的，这说明供应链已上升为国家战略。国家对供应链这一领域越来越重视，至今相继颁布了相应的文件来促进中国供应链快速发展，以达到国际水准。

任何行业的发展，都需要具有专业知识和技能的人来推动。2019 年 9 月 23 日，在美国洛杉矶安纳海姆举办的全球供应链峰会上，会长兼首席执行官瑞克·布拉斯根（Rick Blasgen）在开幕式上说，美国供应链就业人数 4,400 万人，占整个就业人口的 37%。可见供应链对整个美国经济的重要性。

在供应链上升为中国国家战略之后，供应链人才的供给已经远远跟不上需求的步伐了，供应链人才培养的问题也提上了日程。2020 年 2 月 25 日，人力资源和社会保障部、国家市场监督管理总局、国家统计局联合向社会发布了 16 个新职业，其中就包括供应链管理师这一职业。

无论你是现在准备进入供应链领域，还是已经在供应链某一垂直领域的岗位上，都需要选择一个合理的路径，采用科学的方法学习和进行职业训练，使自己能够快速地在供应链领域中成长，迅速达到国家职业标准，同时还要争取成为国际化的供应链管理者。

要成为国际化的供应链管理者，就要获得国际化的知识资源。一个人成功的速度，取决于学习的能力和速度。在知识爆炸的时代，在数字化时代，计算机这种"超级大脑"一秒钟就可以读几百万本书。但是，一个人却不能快速地把需要的知识转化为自己的本领。所以，选择知识体系很重要。

今天，CSCMP 确实已经成为全球物流和供应链领域中最有影响力的组织之一。协会是全球供应链思想领袖汇聚的平台，处于定义产业、引领方向的地位。从协会给专业人员提供的支持和服务来看，CSCMP 的宗旨说明了一切：教育和连接全世界供应链管理者。《供应链管理流程标准》给出了包括计划、采购、制造、交付、回收（退货）、执行在内的 6 个部分的标准架构，但没有涉及各个部分的深入分析。人民邮电出版社出版的这套供应链丛书，覆盖了供应链管理中计划、采购、生产、运输等核心流程模块，也包含了丰富的全球企业案例，保证了内容的全面性和专业性。这套丛书，是美国注册供应链管理师 SCPro 项目配套的教材。这套丛书的引进，为中国的供应链管理者掌握国际化的知识体系提供了权威的工具。

CSCMP 会长兼首席执行官瑞克·布拉斯根在 2005 年就曾说过："这是一个成为供应链管理者的伟大时代。"

当你立志成为一个供应链管理者，那剩下的事就是如何发展你的事业，绽放你的人生。

知识获取需要平台，事业的发展也需要平台。CSCMP 实际上就是我获益最多的知识获取平台和事业发展平台。CSCMP 在全球 75 个国家和地区拥有 105 个圆桌分会，由 8,500 多名物流与供应链领域专业人员构成，其最具有代表性的活动是每年举办的全球峰会。峰会每年都有至少有三四千名来自全球的物流与供应链领域的专家、学者以及企业高管参加，他们齐聚一堂，探讨和交流供应链前沿趋势。CSCMP 是知识源泉，也是信息源泉。CSCMP 的专业资讯平台包括供应链管理通信、供应链实时热点、物流年报、美国商业物流杂志等。我在自学的同时也会参加行业活动，包括沙龙、培训以及会议等，这样不仅可以提升我的人际交往能力和沟通能力，同时还可以拓展我的职业网络。

万丈高楼平地起，要想攀升到事业的巅峰，我们需要找到事业发展的阶梯。我希望这套丛书能给大家提供好的内容资源，且每个供应链管理者也都能利用好协会这个宝贵的资源平台。

人生路漫漫，通向成功的路不止一条。外国人说，条条大路通罗马；中国人说，条条大路通北京。成为供应链管理师的路可能不止一条。我相信知识溢出效应，在前人的基础上前行，总能加快我们学习的速度，提升我们学习的效率。

王国文　博士

中国（深圳）综合开发研究院物流与供应链管理研究所所长

CSCMP 中国首席代表

推荐语

在制造领域，如我所在的航空制造业，很多企业都建立了配送中心。通过配送中心将原材料、零件、部件以及工具直接配送到加工、部装、总装现场。配送中心的建设和运营涉及配送战略的制定，仓库的设计、布局与管理，以及运输等问题。这些内容在这本书中都能找到，值得一读！

曾江辉

中国航空综合技术研究所研究员

中国供应链的发展正处于从"自发"走向"自觉"的阶段，从业者急需一套与实践紧密结合的系统性理论指导体系。CSCMP 基础级注册供应链管理师指定教材，构建了供应链管理的底层知识结构和方法，能够帮助供应链从业人员有效搭建全局性供应链知识应用框架，非常值得阅读和学习。

秦璐

北京交通大学物流工程系副主任

中物协（北京）物流工程设计院副院长

这是一本全方位介绍仓储的作用、选址、规划、布局、作业及安全保障等细节的专业书，它将帮助供应链管理专员全面了解仓储的重要性及其面临的挑战和机遇，从而在进行仓储规划与管理时能做出更理性的选择。

王保华

原芬兰 ElcoteQ 集团、原海尔集团副总裁

中国物流学会常务理事

在传统供应链管理中，生产及销售作为供应链的核心环节。随着数字经济时代以互联网作为基础设施的产业重构，物流作为供应链系统架构的核心环节被逐渐确立，即通过物流及信息流连接采购、生产、销售而重塑立体供应链结构。其中，仓储是整个物流系统的核心环节。

仓储机能在供应链系统中起到 5 大核心作用：作为库存控制中心、物流与供应链调度中心、增值服务中心、设施设备技术中心和信息数据平台中心。这本书针对供应链层面的仓储技术与管理进行了深入分析与探讨，对于进一步深化供应链系统技术架构和强化供应链系统的实践运营能力具有重要指导意义。

吴菁芃　博士

北京科技大学物流研究所研究员

中国仓储与配送协会特聘专家

目录

01 仓储的作用

04　仓库设计与布局

11 库存管理

12 选择仓库位置

15　独特的功能和独特的物料仓储

关键术语和词汇定义表

01

仓储的作用

　　本章探讨了仓储在客户运营和供应链管理中的作用。在本章中,您将了解仓储对生产制造、采购等各种经济业务产生支持的多个案例。本章通过仓储可以提供的服务案例,针对竞争性供应链策略进行讨论。如今仓储的角色已经从一维的存储库演变成了客户供应链中的主要元素,仓储将有助于实现客户的总体业务目标并降低成本。

仓储在供应链中的作用

数个世纪以来，仓储在货物的存储和交易中扮演着重要角色。无论是过去还是现在，长期存储以便为未来消费提供产品一直是仓储的一种作用。中转货棚和与站台相连的仓库为进行国内贸易或国际贸易的商船提供了便利。通过铁路运输农业商品和牲畜，推动了工业化进程；而仓储就是在加工之前存储此类货物，然后将制成品运往其他地区并分发出去。

在工业发展的初期，用来长期存放和交易产品的地方可能已经足够了。但是，卷入第二次世界大战的美国需要制造大量用来支持军事行动的产品。制造业需求的增长，使得更多的原材料和零件需要被存储与管理，并且需要为弹药、车辆、食品等一系列完整的军事产品链提供存储和战略性配置的空间。在美国军方及其盟友的供应链中，仓储已逐渐成为一项战略职能。图1-1展示了一个高柜军用仓库。

图 1-1　高柜军用仓库

第二次世界大战中的陆军仓库

第二次世界大战期间，美国陆军在华盛顿州建立了补给仓库。这些仓库在战争中发挥了关键作用。仓库中存储了大量的材料。华盛顿州的仓库通过港口运送货物来支持战争。此外，美国陆军还通过向夏威夷及其他地区运送关键设备和物资来支持战争。

第二次世界大战后，仓储建造方面获得了较大的突破。尽管在第二次世界大战之前，铁路运输在货运领域占据着主导地位，但汽车运输以及后来的航空运输都是货运领域的有力竞争者。诸如此类的竞争格局改变了仓库的外观。如今，一个仓库可以接收比一节轨道车容量更大的货物。从牵引拖车上卸货与从轨道车上卸货所涉及的动力学原理有很大的不同（译者注：牵引拖车主要运用杠杆动力学，轨道车运用的是电磁力学），需要针对卸载和存储的具体情况进行不同的规划。

与此同时，叉车装卸设备也得到了发展。高位叉车超越了简单的液压车，使操作员可以在更高的直立式存储建筑中进行货物存放及管理，能降低工程和设备装配的固定成本。

20 世纪后期，计算机的出现改变了仓库收集、传输并利用与设备或客户相关的数据信息的方式。也许正是因为这时候出现了计算机，所以仓库管理员能更好地应对产品消费需求的增长。第二次世界大战结束以后，美国不断发展，用户对产品选择需求的增加对仓库管控提出了更高的要求。与管理单个商品或几个制成品相比，多样化的产品需要更强的存货控制能力。每种特殊的产品类型都不能与仓库中其他的产品类型共享同一位置。此外，随着市场的扩张，服务偏远市场的仓库数量也在逐渐增加。满足特定区域客户需求的产品会放置在特定市场的仓库中。因此，服务于不同市场的仓库增加了为争夺市场份额所需要的库存投资。

仓储的传统作用

尽管供应链要求仓储提供更大的服务价值，但在此之前，仓储必须要继续支撑制造、采购和运输等基本经济业务，必须要权衡成本并评估服务期望，以明确仓储在传统规模经济中的支撑作用。

支撑功能性规模经济

面向广大客户群体的大范围业务战略需要进行大规模的购买、生产和分销。要形成有竞争力的规模，就需要用于存放大量物资与产品的大型仓储的支持，以提高运营效率并产生经济效益。长期以来，制造、采购和运输等的规模经济都需要仓储支持，如今也不例外。

1. 在支撑制造经济中的作用

单个产品的长期生产经营可以提高产品加工、人员分配和机械设备产能利用的效率。某家大型糖果品牌的制造商和营销人员发现，经营一条可以生产 3 种特殊口味糖果的生产线在财务上是可行的。从生产一种产品转换为生产另一种产品的过程，需要对机器进行完全拆卸、消毒和重新组装，然后再按主生产计划运行下一个项目。完成转换需要 3 天的时间，而且消毒非常关键，因为 3 种产品中的其中一种包含坚果成分。对坚果严重过敏的人如果食用了没有严格消毒的产品，可能会出现非常严重的问题，而消毒避免了产品交叉污染，从而降低了产生严重后果的概率。

厂房配套仓库要能支持长期生产，从而增加其在供应链中的价值，进而提高生产的经济效益并减少需求转换。大量生产的单件成品必须进行合适的存储和维护，以备将来使用。

2. 在支撑采购经济中的作用

物料计划员根据主生产计划和物料需求计划，可以确定满足生产计划所需的每种物料或组件的订购需求。物料计划员和采购人员一起评估物料需求、接收物料的时间以及批量采购的买家可以享受的价格优惠。所有要素都会影响接收和存储用于未来生产的物料和组件的需求量。具体来说，批量采购可以节省单件商品的成本，如果买家购买的数量足够大，那么就可以抵销存储和维护物料的成本。

接收、存储、维护、挑选和运输物料与组件都会统一由仓库管理员来负责，从而抵销批量采购带来的额外成本，为生产、装配操作和集装点提供附加价值。由于质量可能会出现问题或交货时间会发生变化，因此需要购买额外的安全库存来避免这种波动，这一需求得到了进一步认识。

3. 在支撑运输经济中的作用

与制造经济和采购经济类似，承运商越能充分利用其运输设备的容量和能力，产品运输效率和成本效益就越高。单位运输成本会随着运输量的增加而降低。固定成本可以分摊在较大的产品运输量上，而由于拖车上装载运输的是整箱的产品，所以可变成本不一定会成比例地增加。整车运输（Truckload，TL）的业务模式就是基于这一假设，而零担运输（Less-Than-Truckload，LTL）和包裹承运商通过将独立订单进行合并或捆绑，再将产品发往共同的邮编区域，从而实现批量运输。

我们需要将管理和保留较多存货所产生的成本与批量运输的成本进行比较，从而获取与降低成本有关的运输经济效益。在许多供应链中，每箱或每件产品节省的运输成本可以抵销存储额外产品的成本。承运商可以向托运商提供折扣，让承运商的拖车呈满载状态，从而更有效地利用运输设备。仓库通过支持大量运输的需求来提供附加价值。

对当代仓储的需求

公司要求仓储在继续支持传统规模经济和客户需求的同时，为供应链提供附加价值。正如前文所讨论的，利用大型仓储来存储大量用于生产、购买和运输的货物，可以在制造、采购和运输上获得具有竞争力和经济效益的优势。当代仓储经营者不能忽略这种经济体，但是在制定仓储策略时必须要考虑其他因素。

预期库存

很多时候，产品的生产都要基于对需求的预期，尤其是单位成本低的产品。那些拥有长期历史需求数据和相对可预测需求模型（客户实际订购数量与预期相差不大）的企业，是最适合通过需求预测来指导生产的企业。具有完善的需求模型、低廉的销货成本和最低限度的处理要求的产品要保留一定的库存水平，以满足客户的订购要求和服务要求。尽管所有存货都可以通过价格来显示其价值，但像罐装蔬菜这类产品通常是按箱或托盘数量进行订购的，其基本需求模式相对稳定，也拥有可用于基于其他相关因素调整预测的大量历史需求数据，且对仓储附加价值的要求不高，故这类产品是预期库存的潜在项目。

季节性库存

在圣诞节期间出售的棒棒糖有红色和白色的，有时还有其他不同的颜色，这是季节性库存的一个典型案例。糖果制造商早在发货给批发商和零售商之前就开始生产并囤积库存。从历史上看，美国南部的糖果制造商会提前几个月生产棒棒糖，提高产品的产量，以便更有效地利用劳动力和生产机械。这样的生产策略有助于减少因设备超时工作和临界容量运行而带来的成本，从而降低了设备发生故障的风险。提前生产也可以使糖果制造商在节日临近时调整生产计划。与其他消费产品相比，棒棒糖的单位成本相对较低，没有堆垛材料的成本，只需搬运较少次，就可以将棒棒糖堆放在高架仓库中，而不易被盗。因此，仓储成本由于生产成本和人力成本的降低而被抵销。

供需平衡

想让所有客户都有能力订购和接收整车货物甚至整个栈板的货物是不现实的。而且，无论是单品还是混合货盘，并非所有企业都具有大量存储的能力或接收设备。仓库提供存储以支持生产经济，同时也允许客户以更少的数量和更高的频率进行订购。客户可以使用产品分类，以免他们被迫接收并保留大量的单品存货。另外，仓库可以接收来自不同制造商的产品，并为客户提供单一交换点，用来分发不同制造商的不同产品。这样可以最大限度地减少生产者与其客户之间必要的交换点。

防止需求和交货时间的不确定性

如前所述，季节性可能是使企业在假期或其他季节期间出售产品时需求增加的一种因素。在预测未来用户需求量时，还必须考虑是否会出现一些可能会刺激用户购买欲望的短期营销和促销活动，同时商业周期和产品生命周期的变化可能会影响某些产品的长期需求情况。在计划生产时，必须明确考虑各种可能影响需求的因素，否则这些因素可能会造成客户订购数量与种类的不确定。制造商将不得不加快特定产品的生产，而运输公司将不得不加快发货速度。这些都会增加供应链成本，并且要承担由于产品短缺而无法满足客户需求所导致的丢单风险。

仓库库存是根据对未来需求的预测来确定的。此外，安全库存（即保证一定量的现有库存）可以防止某些未知因素刺激用户需求并使其超出预期的库存水平。在存在不确定性和预测准确度低的情况下，仓储处于用来放置和保持库存的战略地位。

同时，承运商的准时运输和交付可能会发生波动，比如出现了某些不可预见的情况，或按时交付但质量持续不佳的极端情况。在这种情况下，即使承运商交货延迟，营销人员也希望提高库存水平，通过持有高于预期水平的安全库存来满足用户需求。

竞争性供应链策略

除了支撑传统的制造经济、采购经济和运输经济之外，现代仓储还必须协助企业实现低成本、减少物流时间的差异化竞争策略。哈佛商学院教授迈克尔·波特（Michael Porter），是竞争性商业策略方面的专业人士，长期以来他和其他专业人士都将这两种策略作为公司层面的首要策略。

1. 低成本策略

采取低成本策略的公司可能需要长期存储大量产品。事实证明，这样做可以支持制造经济、采购经济和运输经济。仓储提供中间的备货点，让制造商无须为每个交货地点提供单独服务。这使制造商可以将大量产品运送到区域仓库（分散仓库）中，再由这些区域仓库为多个终端客户提供服务。从制造商到区域仓库的距离最长，使用的是卡车运输服务，而对于最后剩下的最短的一段距离，则可以使用更贵但更灵活的 LTL 服务。总体而言，借助于处于不同位置的区域仓库，可以降低运输的总成本。

2. 减少物流时间的策略

一位客户服务经理走过仓库时抬头说："看看这些糖果。"会计经理回答说："看看这些钱！"21 世纪的供应链必须降低成本并增加服务以保持竞争力。仓储必须做到这一点，并且要用与以往不同的方式来平衡服务与成本之间的关系。通过制定并采用减少物流时间的策略，供应链可以减少系统中的库存，并提高自身对客户的服务响应速度。

企业一直在寻找方法来缩短从客户下订单到客户收到产品的交货时间，同时降低整个系统中的库存水平。仓储必须要建立灵活的、能响应单个客户需求的流程。这可能需要企业采取交叉转运策略，即让多批货物或物品以散装的形式进入工厂，再根据最终的收货目的地进行分类。（译者注：交叉转运的货物是不进入仓库的，进入工厂后会由发货的拖车直接送出。进入仓库的货物一般都意味着要进行存储。）接着，将每个客户的订单集中起来，直接装到出库的拖车上，并运到目的地，而无须进入仓库。

交叉转运和其他减少物流时间的配送策略有助于减少供应链系统中的库存，提高仓储的库存周转率，更快地响应客户的交货时间要求，适应需求波动并降低配送设施成本。延迟策略是另一种产品定制和分发的策略，是一种可以减少物流时间的公司层面上的市场策略。将产品定制的中间阶段或最后阶段推迟，直到可以满足实际需求为止，即产品已经根据客户的要求制成。在收到客户的订单之前，仓库中的原料和成品的库存水平是相对较高的。

供应链合作伙伴之间的对接

仓库在供应商和客户之间占据着重要的战略位置。通常，仓库管理员是交付之前最后一次查看和接触产品的人。因此，他们是最终检查产品质量、状况、数量和信息准确性的人。在收货、入库上架、存储、拣选或装载产品的任何一个环节中，成本都可能会增加。仓库管理员的效率、准确性和能否以客户为中心，都会影响客户的最终体验以及产品的质量和成本。

仓库管理员和其雇员一样，都必须与客户以及客户的顾客进行交流。因此，必须将仓储视为供应链的合作伙伴并加以管理。他们带来的影响可能决定了营销人员与终端客户之间供应链关系建立的成败。

仓储的关键客户服务角色

对于订单履行中心而言，客户服务在订单处理中的作用包括通过电子或纸质设备接收完整的订单表格，检查现有库存，以确认仓库中是否有订单要求的库存数量，以及是否可以满足具体的客户订单需求。因此，可用库存会受仓库或订单履行中心的影响，并且为了给客户更好的服务，需要储备一定量的可用库存。图 1-2 显示了由多个存货单位组成的仓库货架，其中大多数槽位的产品数量少于托盘中的数量。种类繁多的产品和下降的库存水平给仓库管理员带来了挑战，因为他们必须保持每种产品的数量是合适的，以此来满足客户需求。

图 1-2　不同库存单位有不同数量的储存

如果发生缺货，或者客户订购时仓库中并没有该产品，那么客户必须等待产品补货，或授权用另一种产品来代替原先订购的产品。用一箱樱桃味的早餐糕点代替原先订购的蓝莓味糕点对客户的影响并不大（这是一种假设的观点）。但是，有些产品可能没有合适的替代品，缺货可能会导致客户这次从竞争供应商那里采购，甚至可能未来所有货物都会从竞争供应商那里采购。仓储通常用缺货频率或个案完成率（个案完成率＝已装运的个案数 ÷ 订购的总个案数 ×100%）来衡量绩效，这也会影响发货完成的订单数占订单总数的比例（也称为订单完成率）。

　　一线的仓库运营也会影响产品的运输状况。受损产品到达客户工厂后可能会被拒收，可以在收货站台调整提货单或送货回单时，通过削减发货单或进行索赔，来弥补损坏的箱子所造成的损失。可以追踪不同时间的受损箱子比例的记录，从而得知问题发生的频率和问题的严重性。索赔的数量和类型是可以被记录和评估的，从而可以找出与各个项目、客户或仓库订单拣配人员有关的潜在问题和趋势。

　　由超量、短缺或损坏（Overages Shortages and Damages，OS&D）所引起的问题往往会对供应链中的多个合作伙伴产生不利影响。例如，客户服务总监发现，一家仓库负责多家位于美国东南部的国有日用消费品制造商的产品分销。为了提高客户对仓储的满意度，仓储的客户服务总监需要对客户的收货站台进行实地考察。当他考察一家小批发商时，一位生气沮丧的老板跟他打招呼。老板向他展示了一个装满空箱子的壁橱，他说这些箱子送到的时候就是空的，并且藏在托盘的内箱中。客户服务总监和这位老板开始寻找造成这些空箱子的根本原因。假设托盘都是装满单件产品的，那就有一种可能是在生产线结束装托盘的时候，箱子就已经是空的了。第二种可能是，仓库人员或运输人员在分销渠道中的某个环节清空了箱子。

　　在供应链末端的批发商的收货人员，一大早就来将夜间送到收货站台安全围栏区的货物从托盘上拆卸下来。经过仔细调查发现，原来是批发商的工作人员在拆卸托盘的时候，从一些箱子中取出了产品，然后重新在托盘上配置货箱，所以会有空箱子隐藏在其他满箱中间。老板一般很难立刻就发现这个问题，通常是在运送过后才可能发现，所以自然会认为是运输人员或承运商的过错。

受仓储影响的另外两个关键服务因素包括：从收到订单、开始处理订单到运送订单的时间，以及每次交货时间的固定性。要想较好地控制交货时间，需要增加系统中的库存（这里指经常库存），以便在订单处理期间完成订单。此外，由于交货时间会波动，因此多储备一些库存产品是必要的，以满足在交货时间延长的情况下的客户需求。安全库存是必要的，可以防止仓储流程效率低所导致的交货时间波动。

当今的供应链通常需要灵活的流程和可靠的合作伙伴。客户和仓储操作员需要一起交流具体的需求和所需的服务，从而在仓储和配送系统中制定出具有灵活性的最佳模式。

轻工制造与组装

合作伙伴要遵循供应链的理念，不断寻找更有效、更经济的方式来降低供应链成本，这就是现代仓储同传统仓储相比所增加的价值。例如，第三方仓库（既不是制造商也不是客户）为一家大型汽车装配厂存储线束。一家位于与美国边境毗邻的墨西哥境内的工厂，需要完成一项艰巨的任务，即将每个线束中的多根电线固定好并进行运输。为了给客户提供更多的附加价值，仓库运营商起草了一份提案，从战略角度出发，挑选了一家离美国汽车装配厂更近的仓库进行布线。这份仓储提案降低了线束轻工制造的成本，同时也降低了墨西哥工厂所需的运输成本和时间成本。图1-3介绍了一种仓储操作，通过将轮胎组装到车轮上，然后及时将这些轮胎运到生产线上进行最终的汽车装配。

通常，某些轻工制造或组装活动可以在仓库内更有效地进行，而不是在综合的制造工厂中进行。在这种情况下，有远见的仓库经营者可以通过减少工厂的生产负担来增加供应链的价值。仓库能在降低成本的同时，让这些流程满足预期质量和交货时间的要求，这将是非常有利的一点。

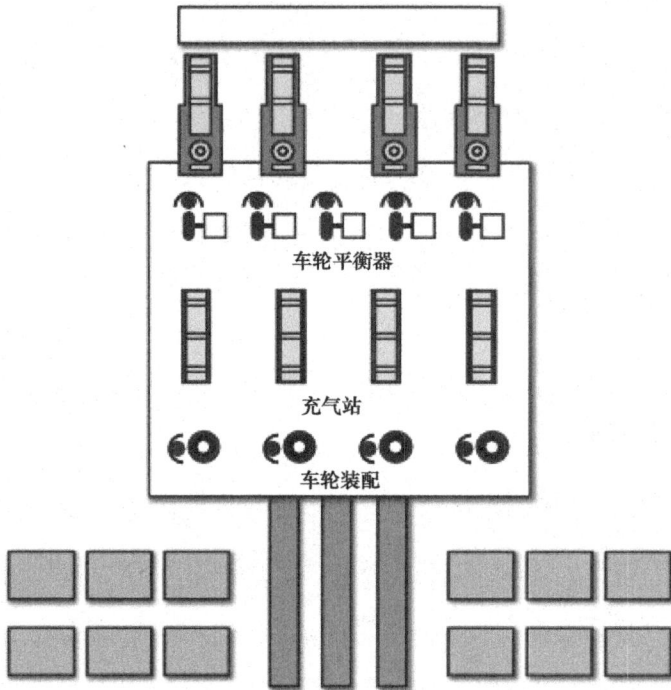

图 1-3　具有仓储附加价值的轮胎与车轮组装

小结

在过去的 20 年中，仓储在供应链中越来越重要，而且还在不断升级。仓库管理员的职责已经从维持物料和产品的长期存储转变为支持采购经济、制造经济、运输经济，还包括制定促进轻工制造和减少物流时间的供应链战略。

仓储业务为管理供应链的总成本做出了贡献，因此，必须对仓储成本、仓储服务与公司其他关键职能进行权衡。只有当仓储可以降低成本、改善服务、提高灵活性和响应能力时，其对于整个供应链体系才更有价值。

其价值通过以下 7 个方面来体现。

（1）存储产品以满足客户需求，并防止需求和交货时间的不确定性。

（2）为客户提供产品分类。

（3）更好地了解了客户需求以后，才能向客户承诺库存数量和具体的库存位置。

（4）通过合并多个订单，降低总成本并缩短交货时间。

（5）通过交叉转运来减少交货时间。

（6）对来自多个第三方物流供应商的材料和组件进行排序，以便交付给工厂生产线时可减少物流时间。

（7）执行轻工制造、组装和配套。

最重要的是，仓储在许多关键方面都会影响接收客户。一线仓库人员可能是客户服务的最后防线，需要确保产品的准确性、数量、发货和交货时间、文件准确性以及产品的整体状况，这些都会影响总成本以及客户对品牌的认知。

推荐阅读

[1] Akerman K. B.. Practical Handbook of Warehousing[M]. 4th ed. New York: Chapman and Hall. 1997: Chapter 1-2.

［2］ Tompkins, J. A. and Smith, J. D. The Warehouse Management Handbook[M]. 2nd ed. Raleigh, NC: Tompkins Press. 1998: Chapters 1-5.

［3］ Stock, J. R. and Lambert, D. Strategic Logistics Management[M]. 4th ed. New York: McGraw-Hill. 2001: Chapter 10.

02

配送中心概念

　　本章介绍了配送中心（Distribution Center，DC）的概念，并将其与传统的一维仓库的概念进行了区分。探讨了 DC 在供应链的产品线中的作用，以及作为管理进出货物的一种交叉转运方式。排序、延期策略是本章的重点。

DC 的概念

到目前为止，在描述从存储到轻工制造的所有过程时，都使用了"仓储"这一术语。从历史上看，"仓储"一词反映的是设施内库存的短期、中期和长期的静止存储状态。与此相反，DC 的作用是促进库存从发货人到客户的定时流动，从而降低由于存储大量存货带来的成本，并改善服务以满足客户及其顾客的各种期望。尽管 DC 是满足未来需求的一种仓储或存储产品的形式，但 DC 的功能和贡献却超过了传统的存储仓库。

促进产品在供应链中的流动

DC 通过采用多种策略来影响供应链中物料和产品的流动，为用户的成功提供保障。重要的考虑因素可能包括累积库存、分解库存，提供多个产品种类，材料排序和零件补给，制定延迟策略，以及交叉转运等，以加速产品在整个供应链中的流动。

配送中心的任务：存货累积、分拣、产品分配和搭配

最接近客户的供应链合作伙伴通常没有太大的空间用来储存大量货物。大多数零售店都在最大限度地利用空间来销售产品。而 DC 可以将不同来源的存货都累积下来，以满足未来的需求，并且同时支持制造经济和运输经济。DC 对销售的响应，主要是用 DC 储备库存中的产品来补

给零售商库存，并只给零售店分配他们需要的产品数量。

DC 可以促进买卖双方之间的产品交换。客户的知识越来越丰富，并且希望获得更多种类的产品以及根据自身需求定制的产品，因此 DC 可以根据客户的需求进行产品搭配。由于产品是批量运输到 DC 的，所以制造商与终端客户之间的一对一互动减少了，这也使得客户可以从供应链的单个中心点采购多种库存单位（Stock Keeping Unit，SKU）。不但互动减少了，而且产品在整个供应链中的流动也变得更加高效了。

DC 还提供分拣服务，根据客户对数量和质量等级的需求，将产品分为不同的组。例如，一家大型零售商聘请了第三方物流供应商来管理从零售商逆向回流到 DC 的问题产品，由 DC 来决定最终如何处理产品。问题产品可能是未能销售、被损坏或已经到了保质期的产品。

为零售商管理逆向物流的第三方物流供应商将问题产品累积下来，若累积的量足够大，则可以提高供应链中的运输经济效益。DC 收到问题产品以后，会对产品进行分类，评估其功能和质量，并确定每件产品的处置方式，然后将产品重新分配到另一个地方进行零售、翻新，再送到折扣店或出口到可以使用该产品的市场；如果该产品无法修复，则可以捐赠或销毁。退货的常见原因包括以下 3 类。

（1）制造商退货

① 剩余的零件和材料。

② 收到的质量差的产品。

③ 生产过剩。

（2）经销商退货

① 未售出的存货。

② 交货时的过剩产品。

③ 在运输中损坏的产品。

（3）客户退货

① 有缺陷的产品。

② 产品召回。

③ 过期产品。

GENCO 是一家专门为企业管理退货的公司。它可以协助管理产品召回，这个过程一般是很难管理的，但是这一过程涉及的时间问题对企业的品牌形象而言至关重要。

全线备货 DC

多个产品线的营销人员可以依赖于一个 DC 来存储一整套完整系列的产品，这其中涵盖了营销人员为客户提供的各种产品。独立的工厂生产的产品，可以通过 DC 提供给客户，让客户可以获取产品线中的所有产品。

交叉转运

LTL 的包裹货运需要在交货时利用交叉转运的设施，但不将这些货物作为长期存货。货物进入工厂进行处理，然后在几小时内离开，到达最终目的地。（译者注：不进入仓库的产品直接加工完出工厂，为了存储的产品需要进入仓库）零担汽车承运人和包裹承运人经营多种交叉转运的设施，处理具有同一来源的订单并将同一目的地的订单进行合并。进站的卡车会直接开到 DC 处，卸下的货物会在站台中移动，不进入仓库，重新装到一辆即将出站的拖车上，因此交叉转运也可能会按每笔订单进行。

散装，拆装和直通

从最纯粹的角度来看，交叉转运的优势就是可以进行快速的拆装和散装。直通式 DC 主要应用于分销过程中的产品流动。这可能需要数小时或数天的时间才能处理，但像标准的交叉转运一样，产品已被分配给了一个承销人，并不会进入传统的仓库。完全直通式的分销设施将美国国内和进口的成衣直接分发到亚拉巴马州伯明翰及其周围的零售店。这些来自各地的订单会直接进入设施。承运人运来的货物包括联运海运集装箱、合并的零担货物以及捆绑的包裹。合并和捆绑（散装）货物包含来自同一装运点的多个单独订单。在交叉转运的设施中，可以将每个订单根据目的地进行拆解（拆装），然后重新合并（散装）。在 24 小时内，所有的订单都将在交叉货仓接收、处理、装载和运输，在下一批货物到达之前，设施内不会有任何货运。

订单的拆装和重新散装，可以增加其价值。这使得来自多个地点并发往多个目的地的 LTL 订单的入站运输和出站运输具有成本效益。此外，设施还会对物品进行检查，将某些物品重新包装成特定商店所需的小量包装，并在某些物品上贴上零售价格标签。

排序

大规模生产可能需要将材料、零件和组件直接运送到生产线上的组装站。实际上，现代汽车装配厂，例如亚拉巴马州蒙哥马利的工厂，以及亚拉巴马州塔斯卡卢萨附近的梅赛德斯工厂，都有持续交付的最少零件数量要求，以保证装配线的正常运转。工厂不再想让大量昂贵的材料和零件闲置在生产线上。库存会被退回供应链体系。

仓库管理员在管理多个第三方物流供应商及其相关物料的入库时，扮演着第四方物流供应商的角色。特殊职责要求第四方物流供应商与计划和生产紧密合作，以了解主生产计划和入库物料要求，以便在组装工厂时可以对每个零件进行精确的排序，使其准确到达生产线的指定位置。

延期

本质上，最准确的预测也不能与未来需求完全吻合。意料之外的客户购买行为使营销人员和生产者难以对需求进行准确预测。营销人员根据客户的意愿、需求和追求的利益来细分客户群体。随着客户细分种类的增加，在预测不同客户群体需求时出现错误的可能性也在增加。可能有关于这些客户群体大量或准确的历史数据，当然也可能没有。

因此，预测人员发现了一种有用的方式，将相似的细分群体数据进行汇总，从而针对产品的基本客户群体进行整体预测。通过这种方式，可以进行整体预测，并生产和存储"通用的"组件或产品。但是，为了满足各个细分市场的需求，产品的最终定制会被推迟——只有在收到来自对应客户群体的实际订单时，产品的最终生产才会开始。

在这种情况下，仓库必须建立可以快速响应产品的最终生产需求的流程，从而帮助落实延迟策略。在特殊情况下，可能需要调用仓库的存货来完成产品的最终定制并运送给客户。中途并货的仓库设施就是这种情况，它会根据每个订单的详细信息来组装定制的套件。例如，一家大型拆装式（拆开的）家具零售商可以利用中途并货的策略，将一家供应商提供的木质组件，另一家供应商提供的紧固件，以及来自第三家供应商的说明书和营销资料等货物集中在一起。当这3件东西均到达中央转运并货仓的设施时，就可以将它们捆绑打包在一起，完成整个流程，再运送给客户。

小结

本章介绍了DC的概念及其任务，即促使库存从发货人按时流向客户。与存储货物和为发货流程提供一些附加价值的仓库相比，DC减少了与存储材料相关的成本，并增强了服务客户的能力。本章不仅讨论了通过DC管理产品流动的策略，包括交叉转运和各种分类拣选策略，还讨论了第四方物流供应商通过管理入库物料和排序来满足客户需求的作用，以及延迟策略的概念。

推荐阅读

[1]　Baker, P. Aligning distribution center operations to supply chain strategy[J]. International Journal of Logistics Management, 2004, 15（1）:111-123.

［2］Foulds, L.R. and Y. Luo. Value-added services for sustainable third-party warehousing[J]. International Journal of Logistics Systems and Management, 2006, 2（2）: 194-216.

［3］Mukhopadhyay, S. K. and R. Setaputra. "The role of 4PL as the reverse logistics integrator: optimal pricing and return policies[J]. International Journal of Physical Distribution and Logistics Management, 2006, 36（9）: 716-729.

［4］Timo Ala-Risku, Mikko Kärkkäinen, and Jan Holmström. Evaluating the Applicability of merge-in-transit[J]. International journal of logistics management, 2003, 14（2）: 67-82.

［5］Yang, K. K., J. Balakrishnan, and C. H. Cheng. An analysis of factors affecting cross docking operations[J]. Journal of business logistics, 2010, 31（1）: 121-148.

03

仓储和配送中心的通用战略

　　本章将讨论公共仓库、合同仓库和自营仓库在数量和质量上的不同特征。用户示例有助于确定在选择仓库类型时，需要考虑的方面。您还会看到一个成本比较示例，以了解成本无差别点的概念。最后，本章将提供一个案例练习，以强化您对仓库选择方案的分析，同时提供了案例练习的答案。

仓储和 DC 的通用策略

仓库一般分为 3 种类型：公共仓库、合同仓库和自营仓库。要从这些类型中选出一种，需要了解各类仓库的角色和策略、仓库管理者需要具备的相关技能，以及与管理仓库相关的活动、数量和成本。仓库可以作为多个客户通用的公共仓库，也可以作为需要更多专业产品处理、增值流程和专用空间的单个客户的合同仓库。

公共仓库的效用

公共仓库是一种非常灵活、成本非常低的仓库。公共仓库的运营商为各种客户和产品提供存储和一般处理服务。标准的存储协议可以每年重新协商，但是有些协议规定合同到期终止必须至少提前 30 天进行书面通知。

公共仓库为客户提供所需的空间，这些客户对空间的需求可能会变化，从需要基本的存储空间到之后需要更多的增值服务（Value-Added Service，VAS）。尽管运营合同应规定预期的空间需求，但许多公共仓库运营商仍可以根据客户的数量和生产需求，针对特定客户，协商并拓展空间大小。

同样的，仓库在不同客户间分配劳动力可以提高效率。根据客户的需求进行空间和人力的安排，当空间没有为客户服务的时候，可以将此空间给另一客户使用。此外，可以在不同客户间分配和共享人员以提高效率。还可将设备分配到仓库的一个区域中，下一次为完全不同的客户提供货运服务。由于公共仓库可以转移可用空间、设备和人员，所以运营商可以为所有客户提供更低成本的服务。另外，与整个设施相关的固定成本和一般的间接成本可以在不同客户间进行分摊，从而降低所有客户的成本。

什么时候考虑公共仓库

在考虑雇用公共仓库管理员来管理公司产品的存储和分发时，需要同时考虑定性和定量因素。例如，一种新的代糖甜味剂的销售商预计在新产品上线时需要大量的存储空间，他生产并存储了足够的甜味剂，在指定区域对产品进行试销。在这种情况下，他需要短期存储产品，但是否需要长期存储产品还不确定。由于新产品没有直接的历史数据记录，所以空间需求可能会发生很大的波动。除了需要特定数量的托盘和箱子以便储存和移动之外，甜味剂不需要其他特殊的处理。

公共仓库可服务于需求可预测的产品，以及需求不可预测的、未知的、很小的或下降的产品。管理者可以根据客户需求调整间距需求。客户协议可能是根据每箱或每件的价格进行收货、存储和处理的。总成本根据公共仓库的管理量的不同而有所不同。随着吞吐量的增加，总成本也会增加，随着吞吐量的减少，总成本也会相应减少。

如今，企业更看重管理"端到端"的供应链成本，传统的存储设施必须具备为客户提供大容量、低成本存储的能力。对于某些客户而言，高效、低成本的存储足以满足他们的需求。但是，为了适应不断变化的物流环境，一些公共仓库还会为客户提供交叉转运、中途并货、延迟策略和其他减少物流时间的具有竞争力的服务。其他可能提供的服务包括货运合并和拆卸、运费支付、贴标签以及VAS等，但这些服务早期并不会由传统的公共仓库提供。选择使用公共仓库时考虑的主要因素包括以下几点。

（1）长期存储还是短期存储。

（2）产品需求增加、减少或波动。

（3）在大范围内配置小批量的库存。

（4）VAS（但不会超出合同规定的服务范围），包括针对工厂、设备、人员的服务，以及特殊服务和流程。

（5）客户几乎不具备仓库操作技能。

（6）客户希望尽量减少资本投资和风险。

（7）客户希望尽量减少人员与管理成本。

有人可能会说，如今公共仓库和合同仓库之间的区别没有那么明显了。市场需求一直在推动公共仓库提供更多新的服务。共同的需求也对仓储提出了更高的要求，仓储要提供更多的价值来完成供应链的成本目标和服务目标，否则就有被淘汰的风险。最先进的公共仓库具有定义明确的细分市场，它们根据拥有的经营能力来确定主要目标用户群。有的公共仓库甚至因其设施先进而获得了一个自由贸易区（Free Trade Zone，FTZ）的称号，这样它就可以鼓励进口商将其货物存储在该区域，并推迟支付关税直到货物被出售为止。货运具有中期、高立方的存储需求，重新贴标签的需求，以及部分产品的倾销需求。

合同仓库的效用

合同仓库，就是根据承包合同进行操作，合同涉及与合同仓库有关的服务、期望、责任和定价等。但是，从合同仓库的性质来看，客户和供应商面临的风险更大。由于提供的服务需要根据具体的合同而定，以及需要在空间、设备和员工培训方面进行投资以服务于客户，并满足其特定需求，所以这些合同一般是长期的。

全球薯片品牌的营销者通过长时间连续生产单口味薯片来提高效率。合同仓库接收各种整托盘数量的 SKU，并将其存放在仓库中，以备将来使用。一家大型会员俱乐部零售商店订购了大量的混合口味的薯片，这些薯片将放在托盘上送到客户。合同规定了要保证的最低产量水平。合同仓库雇用并培训仓库员工来拆解单个物品托盘，并重新配置混合托盘，让托盘上的每层产品包含不同的口味。该操作需要一定的空间来处理混合过程。

美国一个国有品牌的美发产品的营销者从工厂直接装运了整托盘数量的单一 SKU 的洗发水和单一 SKU 的护发素。促销优惠券会被邮寄到合同仓库。当零售商下订单时，仓库人员将洗发水和护发素卸下托盘，将每个单独的瓶子组装在一起，贴上优惠券，然后通过隧道式收缩包装机加工新产品单元，从而产生了新的 SKU。因此仓库就需要再一次雇用和培训员工，并采购、安装设备，来满足客户的特定需求。仓库管理者一般会要求客户签订保证产量的合同，该合同应涵盖为了执行 VAS 而增加的人工成本和设备成本，并为合同仓库提供可接受的利润水平。

这些示例说明了合同仓库对特定长期服务的承诺要求比公共仓库更

高。产量的保证可确保为客户提供足够的空间、人员和设备来完成相关服务。即使没有达到这个水平，仓库管理者也会向客户收取与保证产量相当的费用。

什么时候考虑合同仓库

对于那些产品需要特殊处理、配套采购或轻工制造的制造商和销售商而言，他们可以考虑合同仓库策略。为了利用合同仓库的经济效益，客户需要确保稳定且不断增长的吞吐量水平。考虑因素还包括所在地理位置是否有合同仓库可用的空间，并且如果制造商和销售商没有专业的仓储知识去使用自营仓库，那肯定是要考虑合同仓库的。

VAS 要求承包商具有培训和管理仓库的劳动力与设备。因此，承包商需要保证一定的吞吐量水平，从而使投资物有所值。尽管一个仓库可以作为公共仓库和合同仓库运行，但合同仓库可以通过一种合约的方式，保证客户可以获得一定水平的劳动力、设备和服务支持。与公共仓库运营商提供的资源相比，这些资源将更多地用于管理客户的业务。

从成本角度来看，由于合同仓库的吞吐量水平可以保护稳定，并且可以根据客户的需求进行相应的提高，因此合同仓库可能是比公共仓库更好的选择。为满足客户需求而设置的固定成本会随着吞吐量的增加而减少。根据客户的需求定制合同化的流程、人员和设备，可以使得客户的可变成本比使用公共仓库策略时的可变成本更低。

选择使用合同仓库时考虑的主要因素包括以下几点。

（1）需要 VAS 或特殊处理。

（2）稳定且较高的吞吐量水平。

（3）延迟策略。

（4）为单个或多个市场配置库存。

（5）客户几乎没有仓库管理技能。

（6）客户希望将资本投资和风险最小化。

（7）客户希望将人员和管理成本最小化。

在考虑公共仓库或合同仓库的部署时，您必须查看各自的实体行业认证。鉴于在这两种情况下客户都无法管理和控制日常质量，拥有行业认证可以确保所选的公共仓库或合同仓库能够达到并维持制定的操作标准。

自营仓库的效用

一家位于美国中西部的高端办公家具制造商，为客户提供了优质的产品和服务。其是用自营仓库和运输系统来提供优质的分销服务的。控制从成品制造到直接向客户分发产品等各方面的服务，从而使制造商可以完全控制可能会影响客户对品牌印象的所有因素。

办公家具在搬运过程中可能会出现缺口、刮擦、裂痕或凹陷等问题。该公司对雇佣的员工进行了很好的培训，使得一线仓库员工可利用传统的毯子包装和家具嵌套来运送公办家具。没有泡沫包装和硬质瓦楞纸包装的办公家具，工人在搬运、处理和装载时必须格外小心。

在这种情况下，制造商认为通过确保仓储和交付订单等各方面的质量，可以获得竞争性优势。尽管几乎不需要复杂的 VAS，但这对家具的处理和配送有很高的要求。该公司不想冒险将如此重要的责任委托给公共仓库或合同仓库的运营商。

当制造商认为服务和分销可以在内部更好地完成，而不是外包给第三方物流仓库时，就有必要采用自营仓库策略。

什么时候考虑自营仓库

投资自营仓库不仅需要通过分析来支持资本投资，还需要评估公司需求和总体策略的定性方面。具有产品仓储管理能力的制造商或营销人员可以考虑自己来运营产品的存储和分发。高标准的服务水平和产品质量是自营仓库的主要目标。

投资自营仓库要承担拥有和运营自营仓库相关的所有固定成本和可变成本，因此产品的吞吐量水平必须是稳定或不断增长的，并且必须足够高才能将成本分散到足够多的单位中，从而将单位成本降低到比合同仓库更低的水平。因此，自营仓库必须具有高效管理人员和流程的能力，以保证较高的服务水平和较低的服务成本。

选择使用自营仓库时考虑的主要因素包括以下几点。

（1）需要高质量的服务。

（2）稳定且较大的产品吞吐量。

（3）客户具有较强的仓库管理技能。

（4）客户服务和质量充分抵消了资本投资和风险。

（5）客户具有聘用、培训和有效管理人员的能力和相关费用。

（6）需要特殊处理和 VAS。

（7）延迟策略。

（8）为单个或多个市场配置库存。

实际成本差异

公共仓库为营销人员提供了一种选择，可以使长期仓储成本降至最低，包括建筑、人工、设备、管理等相关成本。产品的管理成本可以分摊给存储和运输的数量单位。这里假设固定成本和可变成本都会被分摊，而营销人员的客户成本将根据客户活动按单位进行评估，并且费用将在货物进入设施时开始收取。

另一方面，自营仓库管理者将承担所有购买设施和设备的固定成本和可变成本。尽管自营仓库的固定成本比公共仓库高得多，但自营仓库的可变成本却远远低于公共仓库，而且自营仓库管理者可以更好地控制、处理与存储公司产品相关的成本。合同仓库的总成本也包括固定成本，而且合同仓库的固定成本低于自营仓库的固定成本，但自营仓库高质量和高控制的管理能力可以将其可变成本降到比合同仓库和公共仓库的可变成本还低。通过比较总成本，考虑固定成本、可变成本以及预期的产品吞吐量水平等方面，来做出关于仓库类型的最佳选择。

成本无差别点

假设仓库管理者可以估算与公共仓库、合同仓库或自营仓库相关的各种固定成本和可变成本，则可以计算出总成本无差别点。表3-1展示了3种类型的仓库的成本无差别点。

表 3-1　仓库的成本无差别点比较

仓库对比	FC+VC（U）=FC+VC（U）	无差别点
公共仓库 = 合同仓库	$4（U）=$30,000+$2.50（U）	20,000 套
合同仓库 = 自营仓库	$30,000+$2.50（U）=$100,000+1.25（U）	56,000 套

　　假设一个客户的公共仓库管理费用是每单位 4 美元。实际成本包含固定成本和可变成本，但对客户来说，成本会随着产品生产量的变化而直接变化。进一步假设，合同仓库管理者将收取 30,000 美元的启动费用，来专门管理针对客户个人需求定制的仓库。除了固定成本投资外，还将向客户收取每单位 2.5 美元的管理费用。在这些成本假设下，当生产量小于 20,000 个单位时，使用公共仓库的总成本更低，当生产量等于 20,000 个单位时，使用公共仓库的总成本等于使用合同仓库的总成本（80,000 美元）。重要的是要认识到，总成本无差别点只考虑了假定的固定成本和可变成本，而没有考虑所讨论的其他定性因素。

　　当生产量超过 20,000 个单位时，可以考虑使用合同仓库。在合同仓库和自营仓库之间可以看到同样的成本关系。由于自营仓库所需的固定成本投资更高，所以只有当生产量高于 56,000 个单位时，使用自营仓库的总成本才比使用合同仓库的总成本更低。

　　由上文的示例可知，如果想在自营仓库上投资，那就需要对分销产品的需求增长有很大的信心。当产品需求下降时，固定成本高，带来的风险也更高。当然在此示例中，公共仓库是风险最小的选择。

小结

　　选择仓库类型时，必须考虑众多因素，必须分别从定性和定量的角度来评估公共仓库、合同仓库和自营仓库方案。

对于企业来说，公共仓库是容易采购并投入使用的一种类型，放弃公共仓库的使用权也相对容易。尽管其单位成本可能高于其他类型仓库的单位成本，但如果产品吞吐量水平较低且对产品需求增长的信心不足，那么使用公共仓库所带来的低风险优势可以抵消成本消耗。

当然，需要很好地理解产品的市场需求动态，才能与合同仓库运营商签订一份长期协议，比如3～5年。此外，如果可以预期增长，并且自身具有仓库专业知识，那么自营仓库将成为一个可行的选择。

重要的是要评估以下几个方面。

（1）客户的仓库操作专业知识。

（2）客户在人员管理方面的专业知识。

（3）当前和未来市场对产品的需求。

（4）客户的财务水平和其他风险承受能力。

（5）分销过程中需要对产品进行控制。

（6）固定成本和可变成本。

（7）VAS和高质量服务要求。

案例研究：仓库选择和分销质量

以下案例研究着重分析了不同仓库方案间的选择问题，并且针对案例制定了一系列分析和解决方案。

此案例主要涉及了 Sugar Creek 糖果公司在使用 Sweet Deal Distribution（SDD）公司的新仓储和配送服务的最初4个月中遇到的问题。SDD是一家公共仓库公司，为多个不同的客户提供服务。

此案例可以让我们思考不同仓库方案间的差异。在比较不同仓库方案时，必须从定性和定量两个角度来评估差异。

服务故障成本，即选择成功且有利润的仓库，与选择昂贵且糟糕的仓库之间的成本差异。因此，客户需要记录选择每种仓库的服务质量效果，即使是占比极小的违约成本也要计入成本考量。供应商绩效指标（Supplier Performance Index，SPI）即由于服务故障而增加的成本百分比，因此除了比较每单位生产量的报价外，还可以针对 SPI 进行比较。

对 3 种仓库的比较必须考虑固定成本和可变成本。自营仓库的启动成本很高，主要和开始生产之前需投入的固定成本相关。但是，精明的自营仓库管理员可以更好地控制服务成本和可变成本。合同仓库成本可能介于公共仓库成本和自营仓库成本之间。通过比较固定成本和可变成本，分析不同供应商的成本无差别点，客户可以确定最低成本对应的产品活动水平。

在不同的解决方案中还要考虑空间方面的因素。仓库空间需求应以立方英尺（1 立方英尺约为 0.0283 立方米）和平方英尺（1 平方英尺约为 0.0929 平方米）为单位进行计算。必须考虑过道空间、货架和蜂窝结构对整体设计空间的影响以及产品存储和移动的空间可用性。

SDD 公司——仓库选择和分销质量案例

乔治·哈彻（George Hatcher）是 Sugar Creek 糖果公司的销售副总裁，他刚刚放下电话，并开始思考在与 Sugar Creek 公司新合作的 SDD 公司中发现的一系列新的增长和质量问题。他安排了一次与 SDD 公司主管的电话会议，来讨论解决问题的可用方案。如果问题仍然存在，Sugar Creek 糖果公司可能要被迫向 SDD 公司发出 30 天的迁出通知。现在他知道自己必须深入研究可以解决这些问题的方法。在将所有问题归咎于 SDD 公司之前，他想收集一些事实，因此他开始从多个方面分析情况。

1. SDD 公司

SDD 公司是一家占地 150 万平方英尺的公共仓库公司，位于佐治亚州亚特兰大市，已有 20 年的历史。SDD 公司的第一个客户是一家大型消费品包装制造商，SDD 公司为其进行收货、存储和运输服务。在整个 20 世纪 90 年代，SDD 公司的客户群扩大到了 120 多家公司，该公司主要服务于消费品包装制造商。除了产品存储，SDD 公司还有一个货运合并项目。这对客户来说很有吸引力，因为通常一个客户不会有足够多的，可以装满一整辆货车的货物运输量。SDD 公司能够合并来自多家制造商客户的多个小订单，并将订单一起运送到同一收货人处，这使得 SDD 公司可以为每个客户提供更低的价格。合并费率低于制造商与 LTL 承运人谈判的价格。多年来，SDD 公司因以最低的价格提供高质量的服务而在美国东南部赢得了很好的口碑。

SDD 公司一般在下午接收产品，在晚上提取订单，在一天中的某些时间发货。接收、检查产品并将它们放在指定的产品区域；在整个晚上通过手动操作纸张系统来提取订单，每次提取一个订单；第二天早上将拣货单和库存转移表输入系统。年度存货盘点需要工厂停工 3 天来清点库存，并将库存报告与实际产品数量进行核对。

SDD 公司的管理结构相对扁平化，由公司所有者、首席运营官、销售副总裁、财务经理、运营经理、客户服务经理、货运主管、信息系统管理经理和库存管理经理组成。SDD 公司的战略重点一直是提供低成本的仓储和配送服务。

接收订单的主要途径包括客户信息系统、电话、传真、快递，有时司机也可以接收订单。SDD 公司和一些客户已经启用了电子数据接口（Electronic Data Interface，EDI）功能，用于订单传送和发货验证。由货运部门处理订单合并、路线选择、承运人谈判和索赔等事务。仓库运营属于劳动密集型工作，涉及升降机操作员、检查员、库存货位员、文员和监督员。射频（Radio Frequency，RF）条形码技术最近被用于产品接收和存储。仓库会在收到客户订单后的第二天发货。

SDD 公司凭借其口碑、多年的业务经验、低成本策略以及完善的营销策略，最近与其他一些大型糖果和消费品包装制造商签订了 3 份长期合同。该公司已迅速扩展，在 4 栋大楼内拥有约 150 万平方英尺的场地，在其中两栋楼中可以使用 RF 功能。

2. 具体情况

与新客户签订合同的当天，SDD 公司就开始出现问题了。3 个客户都希望 SDD 公司在同一个月内开始运营仓库，SDD 公司的负责人告诉客户完全没有问题。SDD 公司为每个新客户成立了相应的运营团队。

这 3 个客户采用不同的战略运营理念，有定制产品的处理需求，并且对沟通和系统的要求完全不同。这都要求 SDD 公司具有与客户的流程、技术和人员完全结合的能力。SDD 公司确保可以做到这一点，并承诺与每家消费品包装制造商建立长期合作关系。附录 A 包含了新客户之一——Sugar Creek 糖果公司的信息，该公司决定租用一个公共仓库（比如 SDD

公司）来满足其分销需求。以下是所有新客户所需的服务。

（1）当天收到订单并发货。

（2）当天确认收货。

（3）电脑端通信。

（4）密集的交叉转运能力。

（5）使用 RF 条形码技术来跟踪整个仓库中的产品。

（6）实时库存更新、跟踪和报告功能。

（7）用每日循环盘点代替年度库存盘点。

（8）计划通过 DC 来衡量各个方面的生产力以及每个区域每天的绩效报告。

SDD 公司开始根据客户的系统要求进行定制，并开始雇用和培训员工来处理新业务。新客户开始关闭多个分销和仓储设施，并开始在东南地区运营，将 SDD 公司作为其单一的集中式分销中心。SDD 公司的管理层向当前的客户保证，他们惯用的优质服务不会受到干扰，并且当前的客户会像新的大客户一样被重视和对待。

SDD 公司的客户服务经理里奇·林德（Rich Lynder）在新客户总部举行的跟进会议中，意识到了在处理新业务方面可能遇到的主要问题。SDD 公司留给客户的印象是，所有信息系统都已经建立好并等待运行，定制的流程也已到位，人员也已经接受了关于特殊处理需求的培训。另外，SDD 公司的管理人员告诉客户，仓库中安装了专门的存储箱和定制的货架系统。里奇·林德了解清楚之后，他告诉客户这些项目正在处理中但还没有到位。客户开始感到担心，业务已经开展了 4 个月，但各个系统还未就绪并正常运行。

在不到一年的时间内，SDD 公司的计划就失败了。来自 3 个新客户的产品开始占用额外的 300,000 平方英尺的空间。SDD 公司的业务量几乎在一夜之间翻了一番，所有的订单逐个进入 DC 并进行装运。SDD 公司的内部产品跟踪系统开始无法满足需求，因为订单在内部丢失了，运输延迟导致产品堆积，库存准确率约为 82%。更糟的是，新业务的空间需求估计似乎不准确，且偏低，这导致了收货入库的严重延迟。Sugar Creek 糖果公司（一个负责向批发商和零售商生产和销售巧克力糖果的新客户）估计，在每年进行 12 次库存周转的情况下，每年的总货量为 550 万箱（预计明年将增加到 900 万箱）。在给定的时间段内，当前的最大存储要求是 1 个月的箱子数量。据 SDD 公司估计，Sugar Creek 糖果公司将需要 130,000 平方英尺的温度控制空间来保持其产品的新鲜度。附录 A 包含了要存储的 Sugar Creek 糖果公司产品的信息。

Monster Merchandising 公司（一家主营服装的新客户）估计，在每年进行 8 次库存周转的情况下，每年的总货量为 200 万箱。Happy Home Products 公司（一家主营小家电的新客户）估计，在每年进行 4 次库存周转的情况下，每年的总货量为 40,000 个托盘（每个托盘需要 4 个高货柜箱）。

SDD 公司开始从一个临时的服务机构雇用更多的劳动力，以保持较低的成本来管理运营。以前，当需要额外的临时劳动力来满足一些客户的季节性增长需求时，这种方法是有效的，因为只需额外雇用很少的管理和监督人员。但客户开始要求合同中没有规定的一些附加的 VAS 时，SDD 公司决定将核心承运人从 30 个减少到 3 个，而这些核心承运人对 SDD 公司的运营并不熟悉。核心承运人没有准备好去应对新产品的特殊处理和检查要求。服务水平开始下降，核心承运人开始要求调整合同费率。语音邮件和电子邮件被添加到了 SDD 公司的通信网络中，但是，客户服务代表（Customer Service Representative，CSR）开始使用该系统来回避客户，问题开始成倍增加。先前收货人对零售商进行实地考察，主要是为了密切关注终端客户的动向，但后来放弃了这种做法。在开展新业务之前，以前的客户服务经理每两个月会和零售商联系一次，来处理各种分销问题，并保持积极的客户感知。

经过 4 个月的运营，SDD 公司和 3 个新客户的情况开始好转。尽管如此，仓库的空间和系统仍不能满足新客户的所有需求，没有实现预期的成本节约，主要的核心承运人已终止其合同义务。雪上加霜的是，SDD 公司的所有新业务都在亏损。这 3 个新客户声称，由于 SDD 公司的服务质量较差，他们的仓储成本超过了预估的每个箱子 5.83 美分的接收成本、每个箱子 8.07 美分的处理成本和每个箱子 5.10 美分（基于每月平均库存）的经常性仓储费。例如，Sugar Creek 糖果公司跟踪了客户的退货情况、在零售商那里收到的损坏和毁坏的箱子数量、由于缺货而产生的延期订货成本以及 SDD 工厂的延迟交货情况。附录 B 包含 Sugar Creek 糖果公司估算的违约成本。

SDD 公司的负责人仍然坚信他们可以处理好业务，并相信客户对他们提供的服务整体上还是满意的。乔治·哈彻了解得更多，他认为需要对仓库空间需求、产品布局、违约成本和盈亏平衡进行全新的分析。他希望 SDD 公司的里奇·林德可以进行类似的分析，只有这样才能说服 Sugar Creek 糖果公司继续使用 SDD 公司的公共仓库，而不是使用合同仓库或自营仓库。（备选仓库成本数据见附录 C。）

乔治·哈彻希望分析结果可以帮助 Sugar Creek 糖果公司和 SDD 公司制定一个服务补救计划，但这也可能会使 Sugar Creek 糖果公司将业务转移到竞争对手 Competition Contracting 公司（这是一家合同仓库公司）。

3. 眼前的挑战

乔治·哈彻希望在与 SDD 公司开会讨论对 Sugar Creek 糖果公司的补救方案之前就能充分了解信息。他开始对这些问题进行全面的分析。

附录 A　Sugar Creek 糖果公司的产品信息

（1）Sugar Creek 糖果公司带有定题服务（Selective Dissemination of Information，SDI）的业务中，有 100 种不同的产品代码。

（2）最受欢迎的产品约占产品代码的 20％，约占每日订单的 80％，每天大约发送 500 个订单。

（3）此处提供了唯一可用的产品说明。

① 物品应存放在托盘、货架上，每个货架上有 5 个托盘。

② 箱子尺寸 = 2 英尺宽 ×1.5 英尺长 ×1.5 英尺高。

③ 托盘尺寸 = 48 英寸（1 英寸约为 0.0254 米）× 40 英寸 ×3 层高。

④ 根据以往的经验，过道占比估计为 20％。

⑤ 根据以往的经验，蜂窝占比估计为 12％。

⑥ 托盘高度为 6 英寸。

⑦ 托盘之间的距离（并排）为 4 英寸。

⑧ 由于采用了货架系统,托盘之间(每个托盘上方)的空间为 12 英寸。

⑨ SDD 公司估计，Sugar Creek 糖果公司需要 130,000 平方英尺的温度控制空间。

附录 B　Sugar Creek 糖果公司针对 SDD 公司较差服务质量估算的成本

事件	花费 / 次	发生次数
产品退回	$100	200
产品箱子损坏	$150	298
零售商回收损坏的箱子	$95	175
延期交付	$65	220
延迟发货	$100	190

附录 C　Sugar Creek 糖果公司信息：仓库备选方案的成本

自营仓库：以下是估算的年度运营成本。

年度总成本 = $1,885,800

总可变成本 = $385,000

其中，人工 / 物资成本为 35%；雇佣经理 / 部门主管 / 行政专员 / 文员的成本为 32%；存储维护成本为 16%；机械成本为 17%。

总固定成本 = $1,500,800

其中，建设 / 租赁设施成本为 69%；间接成本为 16%；信息管理系统 – 仓库管理系统成本为 15%。

合同仓库：以下是对聘请 Competition Contracting 公司（一家合同仓库公司）估算的年度运营成本。

年度总成本 = $1,255,000

总可变成本 = $825,000

其中，人工 / 物资成本为 39%；雇佣经理 / 部门主管 / 行政专员 / 文员的成本为 31%；存储维护成本为 10%；机械成本为 20%。

总固定成本 = $430,000

其中，建设 / 租赁设施成本为 60%；间接成本为 10%；信息管理系统 – 仓库管理系统成本为 10%；毛利为 20%。

案例解决方案：SDD 公司

一般情况下的方案如下。

（1）从成本无差别点来看，Sugar Creek 糖果公司选择 SDD 公司这类公共仓库是正确的。

（2）但是，考虑到 SDD 公司的服务故障（不履行）成本，如果 Sugar Creek 糖果公司聘请 Competition Contracting 公司来处理其业务，则成本会降低，前提是 Competition Contracting 公司的服务故障要少得多。

（3）Sugar Creek 糖果公司产品的仓库容量是在不考虑蜂窝结构的情况下计算的，而这也是生产率低、库存准确性差的原因。

（4）事后看来，Sugar Creek 糖果公司应该意识到，SDD 公司的能力不足以为其提供高质量的服务。Sugar Creek 糖果公司需要专门的服务、设备和人员来满足其分销需求，它不想与其他仓库租户共享空间和资源。缺少经验丰富的管理人员、没有足够训练有素的稳定员工、缺乏先进的流程、系统难以满足容量要求以及总体期望过高等因素，导致了 SDD 公司的失败。

（5）建议 Sugar Creek 糖果公司将其业务转移到 Competition Contracting 公司。在此之前，Competition Contracting 公司需要制定一个可以降低仓储成本的计划，同时改善针对批发商和零售商客户的服务。

基于固定成本和可变成本的仓储方案分析（确定总成本无差别点）

自营仓库： 固定成本（FC）= \$1,500,800

可变成本（VC）= \$385,000（每个箱子的可变成本为 \$0.07，有 5,500,000 个箱子）

总成本（TC）= \$1,885,800

单位成本 = \$0.34（总成本 / 每年的箱子数量 = \$1,885,800/5,500,000 个箱子）（四舍五入）

合同仓库： 固定成本（FC）= \$430,000（合同担保）

可变成本（VC）= \$825,000（每个箱子的可变成本为 \$0.15，有 5,500,000 个箱子）

总成本（TC）= \$1,255,000

单位成本 = \$0.23（总成本 / 每年的箱子数量 = \$1,255,000 / 5,500,000 个箱子）（四舍五入）

公共仓库： 固定成本（FC）= \$0（假设这部分包括在每单位的可变成本中）

可变成本（VC）= \$1,045,000（每个箱子的可变成本为 \$0.19，有 5,500,000 个箱子）

总成本（TC）= \$1,045,000

单位成本 = \$0.19（总成本 / 每年的箱子数量 = \$1,045,000/5,500,000 个箱子）

（1）自营仓库成本 = 合同仓库成本

（FC）+（VC）X=（FC）+（VC）X

$1,500,800 + （\$0.07）X = \$430,000 + （\$0.15）X$

（\$0.08）$X = \$1,070,800$

$X = 13,385,000$ 箱（成本无差别点），总成本等于 $\$2,437,750$

部分答案：箱子数小于 13,385,000 时，使用合同仓库，否则使用自营仓库。

（2）自营仓库成本 = 公共仓库成本

$FC + （VC）X = FC + （VC）X$

$\$1,500,800 + （\$0.07）X = \$0 + （\$0.19）X$

$\$1,500,800 = （\$0.12）X$

$X = 12,506,667$ 箱（四舍五入）（成本无差别点），总成本等于 $\$2,376,267$

部分答案：箱子数小于 12,506,667 时，使用公共仓库，否则使用自营仓库。

（3）合同仓库成本 = 公共仓库成本

$FC + （VC）X = FC + （VC）X$

$\$430,000 + （\$0.15）X = \$0 + （\$0.19）X$

$\$430,000 = （\$0.04）X$

$X = 10,750,000$ 箱（成本无差别点），总成本等于 $\$2,042,500$

部分答案：箱子数小于 10,750,000 时，使用公共仓库，否则使用合同仓库。

最终答案：由于现在的箱子数量是 5,500,000，所以使用公共仓库（总成本 = \$1,045,000）。

使用供应商绩效指标（SPI）对违约情况进行分析，并针对服务故障进行调整（确定包括调整较差质量的服务的总成本）

表 3-2 所示为 Sugar Creek 糖果公司针对 SDD 公司仓储的低质量服务估算的成本。

表 3-2　Sugar Creek 糖果公司针对 SDD 公司仓储的低质量服务估算的成本

事件	花费/次	发生次数	总成本
产品退回	$100	200	$20,000
产品箱子损坏	$150	298	$44,700
零售商回收损坏箱子	$95	175	$16,625
延期交付	$65	220	$14,300
延迟发货	$100	190	$19,000
总违约成本			$114,625

（1）部分答案：4 个月内，在 SDD 公司上的总花费如下。

5,500,000 箱 /12 个月 = 458,333 箱 / 月（四舍五入）

4 个月发出了 1,833,332 个箱子。使用公共仓库的每箱成本 = $0.19（四舍五入）

这 4 个月的总花费：

1,833,332 箱 × $0.19= $348,333（四舍五入）

调整后的总花费：

这 4 个月在 SDD 公司上的总花费 + 违约成本

= $348,333 + $114,625

= $462,958

与 SDD 公司每箱成本和违约成本相关的 SPI：

= 调整后的总花费 / 这 4 个月的总花费

= $462,958/$348,333

= 1.33（四舍五入）

（2）最终答案：SPI 为 1.33，意味着 SDD 公司的每箱实际成本是 SDD 公司向 Sugar Creek 糖果公司收取的每箱价格的 133%。也就是说，由于有违约成本，使用 SDD 公司的仓库使得 Sugar Creek 糖果公司的每箱实际成本增加了 33%。

公共仓库的每箱成本 = $0.19

SPI = 1.33

与 SDD 公司合作的每箱实际成本：$0.19 × 1.33 = $0.25

合同仓库成本 = 公共仓库成本

$430,000 +（$0.15）X =（$0.25）$X$

$430,000 =（$0.10）X

X = 4,300,000 箱（成本无差别点），总成本等于 $1,075,000

考虑到违约成本，并意识到它需要专门的空间、专用的资源和人员，以及定制的流程，因此建议 Sugar Creek 糖果公司使用合同仓库，前提是它的服务故障要少得多。在箱子数为少于 4,300,000 箱时，公共仓库的总成本比合同仓库更低。例如，箱子数为 4,000,500 箱时的成本如下所示。

公共仓库成本 = $0.25 × 4,000,500 箱 = $1,000,125

合同仓库成本 = $430,000 + $0.15 × 4,000,500 箱 = $1,030,075

但是，在 4,340,000 箱的情况下，合同仓库的总成本比公共仓库低 $4,000。

公共仓库成本 = 0.25 × 4,340,000 箱 = $1,085,000

合同仓库成本 = $430,000 + $0.15 × 4,340,000 箱 = $1,081,000

必须估算合同仓库的服务质量，以便将适当的 SPI 应用于合同仓库。

该案例中的数据无法进行这种计算，但是经理可以根据合同仓库以前服务的客户的要求来提供服务效果证明。

最终答案：考虑到在每年总货量为550万箱时使用合同仓库的不履行成本（总成本 = $1,255,000），加上SSD公司的服务质量差，与使用合同仓库相比，Sugar Creek糖果公司每年要多花 $120,000。

Sugar Creek 糖果公司的空间需求分析

该示例是根据汤普金斯（Tompkins）和史密斯（Smith）的文献创建的。

提供的信息：5,500,000 箱 /12 个月 = 458,333 箱 / 月（四舍五入）。这是在任何给定时间段内预期的最大库存数量。

附录　Sugar Creek 糖果公司的产品信息

① Sugar Creek 糖果公司带有SDI的业务中，有100种不同的产品代码。

② 最受欢迎的产品约占产品代码种类数的20%。

③ 此处提供了唯一可用的产品说明。

④ 物品应存放在托盘、货架上，每个货架上有5个托盘。

⑤ 箱子尺寸 = 2 英尺宽 ×1.5 英尺长 ×1.5 英尺高 = 4.5 立方英尺。

⑥ 托盘尺寸 = 48 英寸宽 ×40 英寸长 ×（3 层高 × 每箱1.5 英尺高）= 60.12 立方英尺（12 箱 / 托盘）。

（1）部分答案

（注意：托盘规模以英尺为单位 = 4 英尺 ×3.34 英尺 ×4.5 英尺）

（注意：此处整个托盘的高度 =3 层高 × 每箱1.5 英尺高 = 4.5 英尺）

根据以往的经验，过道占比估计为20%。

根据以往的经验，蜂窝占比估计为 12%。

木制托盘高度为 6 英寸。

托盘之间的距离（并排）为 4 英寸。

由于采用了货架系统，托盘之间（每个托盘上方）的空间为 12 英寸。

（2）部分答案

（托盘宽度 + 托盘之间的距离）× 托盘长度 ×（箱高 × 每托盘的箱高层数 + 木制托盘高度 + 每个托盘上方用于安放货架系统的空间）× 高位托盘的数量

= 完整产品托架需要的空间大小

（3）部分答案

Sugar Creek 糖果公司对一个产品托架的空间需求

=（4 英尺 + 0.33 英尺）×3.34 英尺 ×（1.5 英尺 ×3 + 0.5 英尺 + 1 英尺）×5

= 4.33 英尺 ×3.34 英尺 ×6 英尺 ×5

= 434 立方英尺 / 产品托架（每个产品托架上有 5 个托盘或 60 个箱子，每个托盘 12 个箱子乘以 5 个托盘）

（4）部分答案

包括过道和蜂窝的成本

= 每个托架的空间需求 /［（1- 过道空间 %）×（1- 蜂窝空间 %）×（每个托架上的箱数）］

= 434 立方英尺 /［（1 − 20 %）×（1 − 12 %）×60 箱］

= 434 立方英尺 /［0.80×0.88×60 箱］

= 434 立方英尺 /42.24 箱

= 10.27 立方英尺 / 箱（四舍五入）

（5）部分答案

因此，Sugar Creek 糖果公司在任何时间的预期最大产品数（458,333 箱，见上文）所需的总温度控制空间

= 458,333 箱 ×（10.27 立方英尺 / 箱）

= 4,707,080 立方英尺（四舍五入）

需要有一个包括托盘和机架的 30 英尺高的货架。也就是［（0.5 英尺的木制托盘高度）+（3×1.5× 托盘箱高度）+（1 英尺的每个托盘上方的货架间隙）］×5 个托盘高或总共 30 英尺的货架高度。

（6）部分答案

所需的面积计算如下。

① 在给定时间内，预期持有的最大箱数：

= 458,333 箱（见之前的计算）

② 在给定时间内，预期持有的最大托盘数：

= 458,333 箱 /（12 箱 / 托盘）

= 38,194 托盘（四舍五入）

③ 在给定时间内，仓库地板上预期的最大托盘数：

= 38,194 托盘 /5 托盘

= 7,639 托盘（四舍五入）

④ 每个托盘所需的面积：

=（托盘宽度 + 托盘之间的间隙）× 托盘长度

=（4 英尺 + 0.33 英尺）×3.34 英尺

= 14.46 平方英尺 / 托盘（四舍五入）

⑤ 如果考虑过道空间和蜂窝结构空间，则每个托盘所需的面积：

如果过道占比 = 20%

如果蜂窝占比 = 12%

如果每个托盘所需的面积 = 14.46 平方英尺

那么，过道空间 = 20%×14.46 平方英尺 = 2.89 平方英尺（四舍五入）

蜂窝空间 = 12%×14.46 平方英尺 = 1.74 平方英尺（四舍五入）

所以，

一个托盘所需的面积 + 过道空间 + 蜂窝结构空间

= 14.46 平方英尺 + 2.89 平方英尺 + 1.74 平方英尺

= 19.09 平方英尺（考虑到过道和蜂窝结构空间，每个托盘需要 19.09 平方英尺的空间）

（7）最终答案

地板上有 7,639 个托盘，若考虑过道和蜂窝结构，则每个托盘需要 19.09 平方英尺的空间，则最终需要 145,829 平方英尺（在给定时间内，Sugar Creek 糖果公司持有的最大托盘数所需的空间）。

SDD 公司仅认可并引用了托盘和过道空间的大小，但在估计空间需求为 130,000 平方英尺时，忘记考虑蜂窝结构空间。它与正确的答案之间相差了 15,829 平方英尺。

总之，在将产品移入和移出仓库时，缺乏蜂窝结构空间会导致严重的瓶颈问题。空间分配不当的其他后果包括：由于操作员必须寻找一个空地，因此要在上架产品上花费更多的时间；或者仓库管理系统（Warehouse Management System，WMS）会分配下一个最近的空间，但它与接收站之间的距离可能很远。当空间受到严重限制时，经常会发生其他项目阻塞

SKU 的情况，从而会出现产品损坏、产品丢失和员工安全的风险。尽管蜂窝结构空间看起来像是未使用的空间，但一定比例的缓冲空间有助于解决上述讨论的问题。

推荐阅读

[1] Akerman, K. B. Practical Handbook of Warehousing[M]. 4th ed. New York: Chapman and Hall. 1997: Chapter 2,3 and 10.

[2] Coyle, J. J., C. J. Langley, Jr., R. A. Novack, and B. J. Gibson. Supply Chain Management: A Logistics Perspective[M]. 9th ed. Mason, OH: South-Western. 2013: Chapter 11.

[3] Kohn, J. W., M. A. McGinnis, and J. E. Spillan. A longitudinal study of private warehouse investment strategies[J]. Journal of Transportation Management, 2009, 21（2）: 71-86.

[4] Murphy, P.R. and D. F. Wood. Contemporary Logistics[M]. Upper Saddle River, NJ: Prentice Hall. 2011: Chapter 10.

[5] Napolitano, M. and Staff at Gross and Associates. The Time, Space and Cost Guide to Better Warehousing Design[M]. 2nd ed. New York: Distribution Group. 2003: Chapter 3.

[6] Tompkins, J. A. and J. D. Smith. The warehouse management handbook[M]. 2nd ed. Raleigh, NC: Tompkins Press. 1998: Chapter 9.

04

仓库设计与布局

    本章将讨论产品因素、交易吞吐量以及可用的支持设备和技术，如何影响并形成仓库的设计和布局。将可用的存储区域、站台空间、设备与产品和客户要求结合在一起，以影响仓库的设计、布局和管理。预期的未来业务计划和扩展也会影响仓库的设计与布局。

设计和布局

学习仓储课程的学生会讨论一项具有挑战性的案例研究。一家地区食品银行正在考虑建造一座占地 30,000 平方英尺的大楼，来配合目前以最大容量运行的占地 30,000 平方英尺的仓库。学生需要评估当前仓库的布局，并提出改进方案，以此来改善产品流和存储。学生还需要针对第二套设施的需求提出自己的见解。研究揭示了产品流、存储和流程的几个潜在问题，这些问题使现有仓库无法最大化地有效利用可用空间。

现有仓库的正前方有两个进货口，右侧有两个出货口。产品以"狗腿"型或"L"型样式流经设备。捐赠的产品主要是从零售商店或 DC 以混合托盘和全托盘数量的方式接收的。其中 1/3 的箱子被打开，部分商品被放在货架上供顾客挑选。其他订单需要用完整托盘、混合托盘或单独箱子来运输。

在仓库经营中，有些问题已经显现出来了，如果予以纠正，将大大提高仓库内部容量的可用性。效率的提高和可用空间的增加将使得该银行不再需要建造计划中的第二套设施。

在对产品进行分类和管理的时候，似乎很少考虑箱子或托盘的尺寸、体积或周转速度。货架的空间分配方式和杂货店类似。考虑到客户经过这些设施的速度会很快，并且通过计算蜂窝结构百分比（空位占可用货架表面或位置的比例）可知，空间似乎是很大的。几乎没有明确的计划或流程可以用来在仓库中布置产品，或在订单履行过程中高效地移动产品。产品被放置在过道中，会堵塞其他产品和可用的货架空间，并阻止产品和设备的流动。

仓库内空间和时间的重要性

在规划产品在仓库中的流动时，应仔细评估如何利用可用空间，并减少产品在仓库中流动所需的时间。更重要的是，空间是计算成本和价格时的主要因素。你必须了解产品特征和客户特征，因为它们会影响接收、上架、拣选和装载产品所需空间和时间的有效利用。重量、货柜体积、包装、品种、周转速度以及其他与产品处理相关的因素都是关键因素。

1. 重量、货柜体积、包装和其他与产品处理相关的因素

产品特性（例如重量和立方尺寸）通常会影响设施内产品的堆叠高度和物理位置。与堆叠 4 夸脱（1 美制湿量夸脱约为 0.946 升）大小的食用油玻璃瓶的托盘相比，利用薄衬纸堆垛的谷物要更高一些。谷物箱子不需要货架系统，因此可以堆叠到设施的最大高度，并有效且最大程度地利用地板面积。但是，当需要利用高货柜存储时，某些产品的重量和包装可能会要求使用刚性货架系统来承载产品和货盘的重量。货架缩小了存储产品的可用容量，但是必须将设施的整个设计容量纳入产品存储成本中。因此，货架可以通过让产品占据托盘的垂直位置，来提高体积

的利用率。

几个主要的零售 DC 将产品细分为不可运输的、不可堆叠的、体积庞大的产品。这些产品可以放在离装运门最近的位置，以便运输计划很繁重的时候，可以将所需的特殊处理最小化。在极端的情况下，产品需要两个人和一辆叉车来提货并将其带到货物集结区。

在决定仓库内的产品位置时，考虑产品特性很重要。

2. 品种多样化

因为可以采用简单的先进先出（First-in First-out，FIFO）流程，所以单品种库存将是最有效的。产品包装盒尺寸和 SKU 周转速度没有差别，因此，品种多样化并不会成为问题。产品可以放在离进货口最近的地方，处理过程中可以用离出货口最近的最新产品来补充转送提取槽。

但是，管理库存品种的仓库需要评估每个 SKU 的物理特征和订购动态。这样管理人员可以将相似的产品分在一组，以便用最有效的方式管理每个产品。例如，每月订购一次的产品不应放置在每天订购的产品旁边。库存经理可以利用 ABC 分类法，根据产品的相似之处将 SKU 分组并放置在仓库中。相似之处包括订购频率、处理的难易程度、体积特征或密度特征，或者仅仅是经常一起订购的物品。

更多的 SKU 需要更大的可用空间。如果为了节约托架的空间，而将一个 SKU 放到另一个的前方（会挡住它），这种方式是很低效的。拣货时需要花费额外的时间才能将外部产品移开，从而取出内部产品。每个 SKU 都需要一个单独的托架或插槽位置。SKU 的数量越多，所需的托架和插槽位置的数量就越多。

3. 物流速度

物流速度与产品在设施中从收货到发货过程中的移动速度有关。需要快速移动的产品可以放在一起，以便订单填写员可以快速轻松地访问那些最常订购的物品。订购最频繁、数量最多的 SKU 将被归为 A 类产品。移动速度较慢的产品将被归为 B 类，C 类产品是移动速度最慢的产品，它们的位置离发货区域应比 A 类产品更远。通过这种方式，拣选人员可以减少与移动速度最快的产品相关的行程时间，并且可以最有效地拣选、搬运和装载那些移动最频繁的产品。在仓库中交通不便或需要较长行程时间的位置处，一般放置的是订购频率较低并且移动速度较慢的产品（B 类和 C 类产品）。

交叉转运是一种高速配送产品的极端情况。速度的提高有利于提高库存周转率，从而降低单位处理成本。因此，在可能的情况下，管理人员可能会决定交叉转运货物。几乎没有或完全没有过时问题的产品或具有较长货架寿命的产品可能是交叉转运的理想选择。这样在填写订单时，可以最大限度地减少处理订单时搬运和行进的距离或时间。随着管理人员越来越多地使用交叉转运方式，将会有更多的空间分配给站台，而分配给仓库的空间会越来越少。

4. 处理方式

处理方式用于确定仓库内存储位置的其他产品处理特性，包括可用的设备以及通过拣选过程传送产品的能力。分装以及其他用于减少订购单位大小的包装过程可能需要电子拣选通道、圆盘传送带、A 型框架和其他机械来帮助拣选小物品，而不是按箱子数量来拣选。图 4-1 说明了根据各种产品订购和处理特性对仓库所进行的分区。

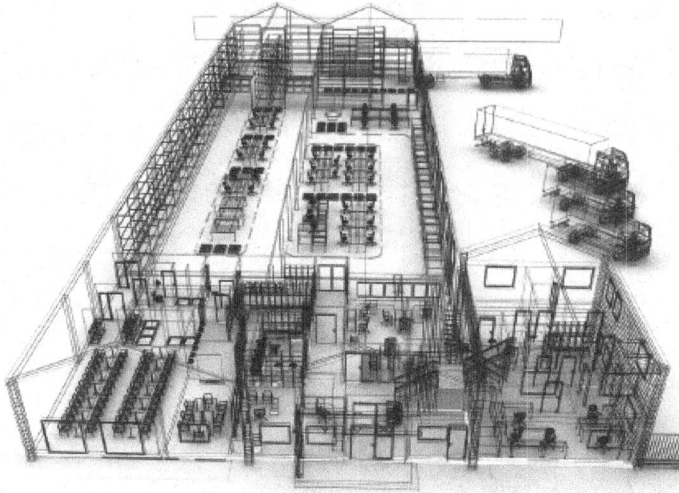

图 4-1　仓库设计和布局（图片由 gwycech/shutterstock 提供）

装卸码头

装卸码头是加快收货和发货的重要区域。如前所述，交叉转运需要大量的码头空间来管理入库的产品分类，并将货物运输到出库订单处。在某些情况下，拣选出一个产品并立即将其装载到拖车上也是可能的，特别是当公司使用吊挂拖车时。在这种情况下，空的拖车会被放置在出库门口，并由仓库经理决定是否装载产品。实时装载的方式或将拣选后的货物直接运送至装卸司机处，可以让货物的货运非常及时。

在其他情况下，需要提取出库单并在离出库门最近的地方等待原计划需要提取的那些货物。码头空间可以设置为根据订单装载顺序进行整个拖车的装载。同样，装载时间减少，供应链的交货时间和成本也会减少。

入库站台可能需要一定的空间，以便对入库货物进行计数和检查。密歇根州的一个 DC 要求，新供应商的入库产品必须连续 3 次通过装载检查，在此之后，DC 在收货期间将不再进行产品检查。接收码头空间内的一个区域用于检查产品，包括打开箱子检查，或将小型设备放在机器上测试产品在规定范围内掉落或晃动的耐久性。

专用和随机存储

　　大学，尤其是规模较大的大学，具有相对较大的仓库来管理、支持校内用餐、住宿、行政管理等所需的材料和物品。一所大型大学由于购买了很多的复印纸，从而可以从供应商那里获得较大折扣，力度甚至超出了州政府能获得的折扣范围，因此州政府可直接从该大学购买纸张。纸张的数量太大，以至于需要在仓库中专门指定一个位置来存放，而且这个位置不能随意改变。如果连续收到大量的纸张订单，则仓库工作人员要确切地知道这些纸张在仓库中的位置。

　　通常会使用一个托盘槽和托架位置，来存储定期入库和库存较大的单品种 SKU。这样可以避免人员在上架和拣选时，要去多个位置接收或装运大量的物品。

　　专用的存储计划有助于确保人员在上架和拣选期间明确产品位置。这样有助于保持库存的完整性，并减少操作员在仓库内行走的时间。

　　随机存储可以使升降机操作员将入库产品放置在离接收位置最近的第一个可用空间中。这缩短了收货时间，并且借助 WMS，操作员可以轻松地定位需要运输的物品。几个全球服装品牌的母公司每周都会收到数百种 SKU。很少有完整托盘数量的单品种 SKU 入库全部托盘数量，并且出库订单一般都是由箱子或托盘组成的，很少是由单件组成的。所有SKU 的随机存储会将接收到的物品放置在第一个可用的插槽位置。运输不会受到影响，因为每个订单上也有很多 SKU 是需要通过在整个仓库中移动来履行订单的。

专用存储最适合用于大量的单品种 SKU、具有相似处理和订购特征的产品类别，例如由于其体积大、不可运输、物料危险等特点而需要特殊处理的产品。

大型大学 DC 的经理认为，将所有 SKU 从专用存储转移到随机存储是有利的，因为它采用了一种新的 WMS。3 个月后，该经理意识到他的员工已经开始不理会仓库的随机存储任务了，而将 SKU 放回到了以前的专用存储位置。经理默许了，允许员工使用专用的存储布局，因为他认为这对大学来说不是主要的财务问题。

过道

过道会影响产品是否可以被高效处理。狭窄的过道可以增加存储空间。但是，在一家糖果公司的 DC 内，过道却不同寻常地宽。当被问及宽度时，经理说宽阔的过道可以让叉车司机加速到叉车的最大安全速度，这是值得的。上架和提货的时间减少了，因此订单的总交货时间也会减少。

VAS

如前所述，为了提高竞争力，仓库必须提供超越传统存储的服务。有些仓库创造价值的方式是制造商以前使用过的方式，即通过向终端客户提供 VAS，仓库可以针对客户需求量身定制产品，而不会出现与核心制造过程相关的延误。

以下是影响布局和设计的 VAS。

（1）特殊处理。

（2）分类拣选。

（3）配套采购。

（4）装配。

（5）标签生成。

（6）进出口海关服务。

（7）重新包装。

（8）最终配置。

（9）轻工制造业。

（10）货架寿命管理。

（11）供应商合规管理。

（12）持续维护和保养（如果需要）。

第 1 章中的线束示例是仓库操作改动的主要示例，以此来向制造商提供更专业的 VAS。其他 VAS，比如更换未能在一家零售商出售的服装品牌标签，将其带回仓库重新贴标签并重新分配给另一零售商。根据客户要求在服装和包装产品上贴上销售标签是两项 VAS，且需要在收货码头、装货码头和仓库之外增加额外的仓库空间。

OS&D 和退货

OS&D 与差异有关。在运输过程中或仓库内因包装损坏而需要残货修整费的产品必须要进行管理。OS&D 区域是仓库内指定用于回收损坏的产品、存放待处理的产品和接收过量的产品的区域。

在一个支持电视购物的营销人员的订单履行中心里面，有一部分仓库空间专门用于处理退货产品。从客户处收到产品并进行检查，然后确定产品的处置方式。产品会被分配给 OS&D 区域进行重新包装，出售给回收公司或被销毁。

客户要求

除了产品物理特性和关键 VAS 之外，通常还会存在空间需求。例如，在一个温控仓库中，一家糖果制造商需要支付专用空间的费用。当现有产品的使用空间小于 30,000 平方英尺时，客户要求其专用空间保持空的状态，直到装满公司的糖果为止。公共仓库的价格具有灵活性，可以根据客户的需求变化为每个客户分配空间。当然，糖果产品的专用空间会影响其他客户可用的空间。

用于移动和存储的设备系统

与可固定式货架系统相似，机械产品移动设备（例如传送带或其他搬运设备）需要仓库空间，需要权衡仓库中的空间与下单时间或交付时间之间的关系。例如，传送带可以允许将小物品直接传输到订单拣选机。当产品被带到拣选机时，该系统减少了拣选机的行进时间。尽管许多 SKU 都存储在传送带中，但它不允许批量存储 SKU。使用按灯拣选系统的拣货隧道时，也需要仓库空间，当操作员移至拣配位置时，该系统特别适合从拆装的 SKU 中拣选部件，并按照从离拣选机最近到最远的顺序拣选产品。以这种方式，拣选机会沿直线移动选择产品。

如图4-2所示，自动存储和检索系统（Automated Storage and Retrieval System，AS/RS）能够有效利用由狭窄通道和自动机械系统支持的高架存储，从而存储和移动产品。AS/RS特别适用于以完整托盘数量接收和订购单品种的SKU。此外，汽车工业也会利用AS/RS来存储和移动汽车零件，例如后顶盖侧板、发动机罩、后备箱门以及笨重的零件。

图4-2　自动存储和检索系统（AS/RS）（图片由 Baloncici/shutterstock 提供）

常见的产品布局和流程

产品和服务种类繁多，可能需要制定多种仓库布局和计划。有些需要储备区和拣货作业区。仓库人员补充前沿拣货作业区（也称为拣货区域）

之前，为闲置的散装产品指定了储备位置。该过程仅需要少量人员来负责大多数产品的上架和补货。仓库中的许多活动都发生在拣选过程中。储备区或拣货作业区布局可以使员工远离大多数产品，有助于保证员工安全和库存完整性。

散装拣选线是在分配消费品的公共仓库中一种常用的作业/储存形式，将在非运输时间创建批量拣选线。批量拣货单可用来引导拣货员根据订单一次找出所有要发货的货物，通过这种方式，可以批量拣选不同的 SKU，并将其暂存到拣货作业线中，下一个班次将直接从大批量拣选线中填写订单并装载拖车。该过程缩短了与拣选和装载过程相关的时间。补货人员被分配到指定的储存区，这有助于保证员工对库存的熟悉度和库存完整性。

区域拣选也很常见，它可以避免员工接触自己不熟悉的库存。在支持家庭购物的 DC 中，产品位于相应区域内，并且每个区域都分配有特定的员工。单个订单的拣选是由熟悉该区域产品的员工进行的。按订单拣选产品，然后分阶段发货。每个区域根据订单来划分产品，这种方式改进了标准做法，从而可以定制客户的收货和取货顺序。

未来计划和期望

仓库的布局和设计还受到管理员未来计划和期望的影响。希望增加吞吐量的运营商可能会计划增加空间，并可能增加用于收货和发货的门的数量。随着活动的增加，预计将需要额外的空间来增加 OS&D、存储和码头空间。当然，运营商必须评估增加库存所需的附加价值。

小结

仓库设施的布局和设计受产品特性、订单特性、使用的机器、客户需求、对未来活动的期望等动态因素的影响。对于仓库管理员而言，评估以下与管理仓库相关的因素非常重要。

（1）产品吞吐量。

（2）产品种类。

（3）物料搬运设备。

（4）收货要求。

（5）储存和交叉转运要求。

（6）分拣和货物暂存要求。

（7）VAS 和 OS&D。

（8）对数量和处理需求的未来预期。

可以通过一些项目来完成假设情景，从而评估不同的仓库布局计划。历史数据对于确定产品和仓库的最佳或首选布局是非常有用的。

推荐阅读

[1] Akerman, K. B. Practical Handbook of Warehousing[M]. 4th ed. New York: Chapman and Hall. 1997: Chapter 15.

[2] Baker, P. and M. Cannessa. Warehouse design: a structured approach[J]. Production, Manufacturing and Logistics, 2009, 193

（2）: 425-436.

［3］ Tompkins, J. A. and J. D. Smith. The Warehouse Management Handbook[M]. 2nd ed. Raleigh, NC: Tompkins Press. 1998: Chapter 9.

05

仓库员工管理

  雇用、培训和留住优秀人才是仓库运营成功的重要因素。员工的技能水平和积极性决定了可达到的效率上限。在当今的商业环境中，领导才能是必不可少的。仓库经理和主管不仅要在技术上了解仓库运营的各个方面，还必须是熟练的人事经理和激励者。训练有素的员工队伍需要一定的资源和奉献精神，来不断提高员工的技能水平。管理者和员工共同建立各自的仓库文化。一个结构合理、易于理解的绩效评估系统可以帮助员工提高绩效，持续改进目标并纠正不良行为。

人员

可以说，一个仓库的成败取决于仓库员工。很多时候，仓库员工会在客户收货之前提供产品和订单的最终触点。即便前期在产品设计和营销策略上投入了很多，但如果仓库最终分销过程的表现不好，也很可能会失败。管理物料以及负责半成品仓储与配送的员工也会影响下一生产线的客户（公司的内部客户或外部客户）。

管理者需要明白仓储在整个供应链管理的质量和成本中扮演的角色。研究表明，如果想要成功实现仓储目标，就要采取必要的措施来确保执行过程的质量。本章为管理者在雇用、培训员工方面提供了相应指导，帮助管理者以更有竞争力的成本和更高的安全性获取更专业的一线仓库员工。

劳动力

从历史上看，在需要组装时，某些生产线需要临时将仓库员工转移到生产线上来，以提高生产能力。在当今的生产线中，需要更多的技术技能来管理生产过程和生产技术，因此仓库员工必须在存储和处理物料及成品方面寻找可以提供的价值。如今，先进的仓库必须找到、雇用有高技能的人员，并提供相应培训和支持，来保持流程的完整性，并以不同于以往的方式——使用技术来工作。而这就需要转变传统的仓库管理思想。

一家位于美国中西部、支持大规模零售的合同仓库，要求每个一线员工在被分配到装卸拖车之前，都要接受密集的培训、工作模拟和测试。该公司在地板上装载拖车，以更好地利用所有可能的空间，并降低员工和拖车的总成本。生产力是非常重要的，它取决于拖车的装载速度和产能利用率。承包商的一项增值活动是在产品上贴上射频识别（Radio Frequency Identification，RFID）标签，以便终端零售商可以更好地跟踪库存。

仓库员工必须在时间和保证高度准确性的压力下来履行职责。有竞争力的仓库管理者会采用技术来协助一线员工选择、检查、提起和搬运产品。使用技术时，员工必须具有一定的能力水平，并能确保标准化流程的完整性。仅靠肌肉力量来提起和移动沉重的箱子是不够的。

操作人员包括产品处理人员，这类人员负责管理产品从卸货到最终发货的物理移动。收货和发货的人员在处理一定数量的产品托盘时，必须熟练操作各种专用和标准的叉车或便携式设备（托盘起重器）。升降机操作员利用技术，在仓库中适当的库存位置存储或拣选产品。任务交叉由具有足够复杂的仓库管理软件的仓库执行，该软件会在考虑每个操作员在仓库中位置的前提下，计划、集成和分配各种仓库任务到物料处理池。

一个新的仓库设施开始使用任务交叉。升降机操作员会卸下托盘上的产品，并将产品存储在计算机分配的插槽位置。升降机操作员通知WMS任务完成后，系统会为操作员就近分配新任务。比如，操作员先被分配去放置一个托盘，再被分配去将一个托盘上的问题产品（比如产品的代码日期过时了）从储存区移动到OS&D区域，之后系统将为操作员再分配一个新任务。

任务交叉主要是为了通过减少仓库操作人员的移动时间，从而减少整个仓库中运输产品的成本。但是，在一个大容量的仓库中，由于为升降机操作员分配了各种任务，包括偶尔接收入站货物的托盘，结果导致接收拖车的运行总时间增加了。当被问及时，员工们说他们不知道自己的工作表现如何，因为过去是通过比较每个操作员卸载的拖车数量来评估工作表现的。但如今这不再是用来比较员工绩效的一种手段，因此，员工之间的良性竞争不再是绩效激励。于是，管理层决定只给卸货员分配卸货任务，从而恢复相互竞争的氛围。随即，拖车的卸载效果得到改善。

其他仓库职位包括收货员和库存控制员等。收货员需要经常与卡车司机、卸货员打交道，且负责检查和计算所有入库货物。他们与司机一起解决分歧，并在必要时向司机提供指导。交货证明收据由收货员签字，任何与产品数量或产品状况不符等问题均会在交货单据（包括提货单）上注明。

出库运输员会核实所有出库货物的数量和状况。必要时，他们与拣选操作员、卡车司机和库存控制员一起协作。出库运输员必须让卡车司机在提货单上签名，以表明司机或承运人已收到指定数量、状况良好的货物。任何与原始订单有出入的例外情况均由出库运输员记录在提货单上，并由司机核实。

先进的仓库会利用 WMS 软件提供电子文档，这几乎完全消除了与丢失文件相关的风险。司机还可以通过其车载电脑（On-Board Computers，OBC）存储和传输电子文档。司机和车队管理者之间可以通过 OBC 传递指令和电子文档。

库存控制员主要负责提高库存完整性的活动和流程。库存管理系统大大改善了库存管理现状。库存控制员需要确保计划的实际库存，并协调仓库中实际产品与系统指示的库存之间的差异。由于库存控制员开始每天盘点当天发货量最高的 SKU，因此大大减少了库存的差异问题。在建立这一"循环盘点"的流程之前，SKU 在运输过程中会出现很多问题。

循环盘点使库存控制员能够识别出误发的产品，并每天核对实际库存，可以立即找到出现错误的责任人，并在第二天的拣选周期开始之前，指导拣选人员如何提高其准确性。

OS&D 员工主要管理那些需要特别注意的产品。尽管被称为 OS&D，但一些仓库只是将这种管理损坏产品的区域称为返工区域。当收到的产品超出预期数量时，需要做出处理决定。OS&D 员工与库存管理员一起决定产品的处理方式——接收、拒绝还是退回给托运人。返工区域还可能需要检查看似损坏的产品，以确定损坏的程度以及重新包装产品的可能性。损坏的产品将从可用库存中移除，并移至仓库中的 OS&D 或返工区域。通过电子版或纸质版的库存表格来记录产品搁置和返工的情况。产品重新包装后，将恢复为可用库存状态，并被放回储存区或作业区的库存中。OS&D 员工负责管理返工过程，并就 OS&D 区域中产品的状态与库存控制员进行沟通。史蒂夫·勒梅（Steve LeMay）教授及其同事在《物流员工的成长与发展》（勒梅，1999）中对每个仓储岗位的职能和技能进行了全面而详细的描述。

监督

仓库管理人员需要监督仓库的一部分或整个设施；需要监督从营销

到仓储的各个环节；还需要与一线员工打交道，用有效的方式管理这些员工和流程，以留住优秀的员工并制定高效的流程。以下列出了仓库管理人员所需的一些核心能力。

（1）决策与委派。

（2）规划与创新。

（3）管理风险、安全性和保密性。

（4）沟通。

（5）指导和辅导。

（6）建议和解决问题。

（7）人员培训与发展。

此外，管理人员还必须具备以下技能。

（1）管理人员必须熟练管理和激励员工群体，即使平时可能很少见到员工，管理人员也必须了解自己职责范围内的每个流程，并帮助员工尽可能达到其最高准确性和生产率水平。这就需要管理人员具有很强的组织、沟通和时间管理能力。

（2）管理人员负责预算的制定以及预算目标的实现。人员分配和设备利用率对实现预算目标的影响很大。管理人员必须评估每日入库的情况和入库的计划，并预测内部产品移动或维护的情况。此外，管理人员还需要估计缓冲能力，以确保有足够的人员来应对预期和未预料的情况。

（3）管理人员必须具有培训、指导小时工的技能。一些先进的仓库会聘请正式的培训师来培训新员工，也可以请有经验的培训人员来协助主管帮助那些需要重新培训或额外培训的员工。有经验的管理人员通常都会通过培训，让员工的生产力和专业技能达到预期水平。此外，管理人员为那些需要关键指导来改变其行为方式的员工提供咨询，是避免解雇员工的最后一步。

创建以客户为中心的仓库劳动力的关键
（部分摘自 Keller，2007 和 Keller and Ozment，2010）

以市场为导向，即公司需要将重点放到客户需求上。以市场为导向的公司会了解客户的需求，并以客户为中心来确定业务目标和价值主张，而且这类公司需要具有可以满足特定客户需求和期望而量身定制服务和产品的能力和意愿。

与这种以市场为导向的公司相对的，是以生产或销售为导向的公司。以生产为导向的公司内部专注于获得生产经济，以销售为导向的公司可以利用销售技能将产品和服务推向市场，而以市场为导向的公司可以迎合客户的喜好，提供客户想要的产品并及时根据客户的反馈做出调整。以市场为导向的公司还需要努力实现高质量、高性价比的生产和销售，但是用来实现这一目标的方法必须支持以市场为导向的策略。

以市场为导向的公司需要市场导向型人才。这种内部市场导向侧重于创造一个以客户为中心的内部环境，以便更好地为外部客户提供服务。图 5-1 说明了创建内部以客户为中心的劳动力所必需的 6 个核心要素。外部客户位于图的中心，说明满足他们的需求是最终的目标。作者进行的基于调查和访谈仓库员工的研究表明，管理人员需要利用这 6 个核心要素提高一线员工的参与度。这样可以培养出以客户为中心的经理和以客户为中心的一线仓库员工。如图 5-1 所示，培养出的以客户为中心的员工数量不同，所产生的管理效果也会不同。数据表明，只有 23% 的接受调查的仓库员工认为他们的经理完全以客户为中心。

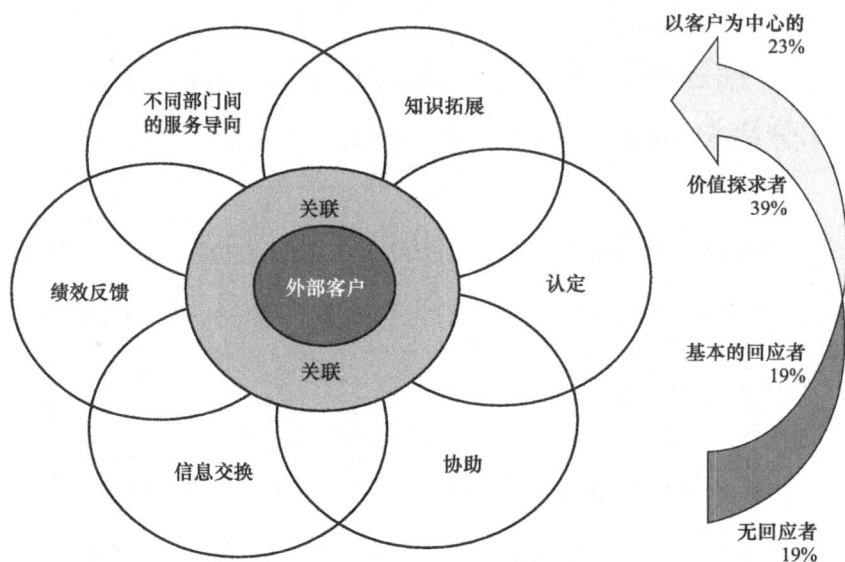

图 5-1　参与一线业务的关键

在 2008 年北京奥运会的比赛中，美国男子和女子短跑接力赛运动员在比赛中都由于交接棒失误未能进入决赛。这两支队伍都是强有力的竞争者，但两队在交接接力棒的时候都失误了。在田径接力赛中，传棒运动员需要将接力棒放置在下一个运动员选手（即将出发）期望接力棒所处的适当位置，这样才能使即将出发的选手可以集中精力、高效地进行比赛。两位选手都有自己的职责，都必须正确执行才能使接力棒交接成功。

为什么无法正确交接"接力棒"？当员工和部门之间无法正确进行信息、产品或服务交换时，管理人员也经常会问相同的问题。在仓储和分销领域中，有一句老话："如果文件不动，货物就不动。"这句话反映了信息交换的必要性，有利于下一个负责人接力并使操作可以顺利进行。信息交换的延迟通常会导致产品移动的延迟。

内部以客户为中心的员工需要理解成功完成其职责的必要性，以便下一个员工可以成功接力并完成流程中相关的任务。在完美的接力过程中，整个链条上的任何员工都不需要回到上一阶段去找自己需要的相关信息。内部的信息提供者应已经将相关产出放在了预期的位置，以便可以高效、有效地移交给下一个作为接收者的员工。

尽管每个员工都知道并非所有的传递都会被成功执行，但是在每个工作流程中都应该设计完善的执行措施，并将其刻入每个以客户为中心的员工的心中。如果要让仓库成为以客户为中心的场所，必须拥有6个核心要素：知识拓展、信息交换、协助、绩效反馈、认定、不同部门间的服务导向。下面将具体描述各个维度，并用相关示例说明内部以客户为中心的实际操作。

知识拓展

一线仓库员工必须学习执行工作任务所需的基本技能。除了工作的基本技能，一线仓库员工还需要了解他们的职责和这些任务的产出将如何影响接收这些产出的员工的价值，以及这些任务的产出对整个流程的影响。因此，管理人员必须提供基础知识培训和更高水平的知识拓展。

基本的数学和写作技巧在计算产品数量以及与其他员工进行交流的过程中是必不可少的。以快速计算一个托盘中的产品数量为例。在消费品包装这类行业中，单个产品的完整托盘数量可能具有特定的捆绑带结构。每一层产品包含根据其尺寸而放置的箱子，当下一层旋转时，这种方式将在整个托盘中充当从上一层到下一层的锁定机制。工作人员可以识别捆绑带或一层的结构，如包含 10 个箱子，并且托盘上的产品有 5 层高。在此例子中，捆绑带（每层 10 箱）乘以高（5 层）等于 50 箱的托盘总数量。对于每个生产和分发的 SKU，每个行业可能都有一套标准配置。了解捆绑带结构可让仓库员工获取关键信息，从而准确、高效地计算整个托盘中的 SKU 数量。

仓库员工需要具备的核心基本运营技能包括以下几项。

（1）基础数学和阅读技巧。

（2）安全的包装处理技术。

（3）计算机应用能力。

（4）机器操作技能和许可证。

（5）沟通和人际交往能力。

（6）运输和库存基础知识。

以客户为中心的仓储公司不仅为员工提供了关键的培训和工作指导，还提供了可以提高员工工作以外的知识和技能的机会。一位经理难以理解，为什么客户服务代表有时可以按照完美的顺序（先做时效性要求最高的，最后做时效性要求最低的）履行其职责，但是有时却把最重要、最紧急的工作搁置，需要额外的加班时间去完成。这个经理以为员工只在乎轻松的工作，却不介意通过加班来完成较难的工作。

经理最后发现情况根本不是这样的。其主要原因在于，没有人去教员工如何确定一天中最关键的任务，并将这些关键任务放在待办事项的首位。在向员工解释了为什么一项任务比另一项更重要、任务的延迟或失败将如何影响其他员工的进程和整个过程以后，员工明白了基础工作之外的职责的重要性。这位客户服务代表的表现得到了改善，最终成为客户服务主管。

公司帮助员工提高其知识水平，实际上是针对内部员工进行了一项未来投资，这更可能让仓库员工形成一种积极的忠诚度。培养知识型仓库员工的 4 个重要核心维度包括：技术知识和技能开发、正规培训、非正式学习机会和综合理解。

举一个利用技术知识来完成基础工作的例子，收货员可以理解如何快速计算完整托盘数量的纸箱，即通过捆绑带数乘以高度的数学公式来快速计算全部托盘的箱子数量。客户服务代表的例子说明了一种更高层次的知识能力，即员工根据对工作如何适应并影响流程结果的综合理解来确定任务的优先级。培训必须正规化，最好指定熟练的培训人员，而不仅仅是指定表现出色的员工。同样，培训必须在员工与同事进行非正式交流时继续进行。该领域的仓库培训包括以下几种。

（1）课堂培训和工作模拟。

（2）专业教练。

（3）导师计划。

（4）交叉培训。

（5）员工团队合作和参与。

表 5-1 提供了一些企业的员工培训选项的简要示例，这些企业为高级员工提供了各种培训和教育机会。列表仅列出了企业中由其他专家、政府、教育组织及协会提供的众多教育途径中的一两个。

表 5-1　员工培训选项示例

路径	提供方
认证项目会议	供应链管理专家委员会
在线学习	仓储教育和研究理事会
认证项目	供应链管理研究所
学历教育	美国供应商协会（American Supply Association，ASA）仓库管理学院
有针对性的课程	职业安全与卫生管理局培训学院教育中心
高等教育学位课程	阿肯色大学沃尔顿商学院–供应链管理系（全日制、非全日制、在线、移民和当地居民）

公司还需要对员工进行关于影响客户对仓库印象的重要因素的指导，让员工认同公司的使命和工作重点，并更好地理解自己的工作如何帮助公司满足客户需求，这对于实现长期高质量的员工绩效至关重要。

信息交换

仓库在每个收货门旁边放了一个数字计数器。卸货员可以手动卸下地板拖车，来评估自己的能力。卸载的箱子放在传送带上，会通过条形码读取器，数字计数器显示后将向前移动一个纸箱。休息时，卸货员可以将自己的卸货数量与其他卸货员的卸货数量进行比较。这样的良性的竞争是员工努力工作的积极动力。

仓库经理必须向员工提供工作所需的必要信息。所提供的信息必须准确，而且要采用一种在工作中易于解释和使用的形式提供。这意味着信息必须简明扼要。

作者在路过员工视线范围内的信息板时，请求仓库经理帮忙解释上面显示的图表。经理解释道，这些图表说明了在该公司的分销网络中该仓库与其他仓库之间的性能比较。这样做的目的是通过提供信息来激励员工。但是，这些信息难以快速解读，员工似乎忽略了图表，就好像这些信息与他们自身及其工作职责都无关。

但是，在同一仓库内，员工与仓库经理之间讨论一些建议和关心的问题是非常有效的方法。在仓库某处放置一个上锁的盒子，员工可以将想沟通的信息塞入盒子，供经理查看。公司的规定是经理需要在两周内回复这些问题。当经理认为某一问题可能会让所有员工受益时，经理会将回复文件直接贴在信箱上方的信息板上。这些信息是有用的、简洁的且及时的。员工非常喜欢并充分利用了这种方法。

一些仓库的 CSR 位于仓库层，靠近运输主管、文员和管理 CSR 账户的员工。这样不仅使得信息交换速度很快，可以轻松验证信息的准确性，还使得与仓库客户的沟通更加高效。当客户与仓库联系时，CSR 可以立即向客户提供详细信息。

在实践中，内部面向客户的信息交换的示例包括以下几个。

（1）仓库中电子信息板的战略定位。

（2）与员工进行双向沟通的计算机信息查询体系。

（3）由员工领导的会议。

（4）轮班召开信息会议。

（5）管理客户账户的主要人员在同一地点。

协助

与协助员工有关的核心要素，可以帮助完善以客户为中心的员工队伍和环境。在问题升级前,主动帮助员工解决问题、回应员工的问题、立即提供协助,尤其是针对有需要的员工。

管理人员要在员工需求出现前,就能很好地发现员工将会出现的需求。在一个摩托车生产厂中,员工轮流工作,由于每天仅需完成一项任务,因此缓解了身体疲劳和精神疲劳。员工在两周内只需完成一次相同的任务,并且还建议在仓库内进行工作轮换或交叉培训。主动的跨部门工作培训计划,可以帮助员工更好地理解对仓储成功至关重要的核心流程。如果另一位员工需要帮助,或者仓库的一些部门缺人,交叉学习可以帮助员工更好地管理工作。

一线员工依靠管理人员的响应来帮助解决眼前的问题。尽管不必以员工的利益为首来解决投诉,但管理人员必须及时解决,并且必须告知员工做出该决定的理由。

(1)响应型管理人员接受过培训,以指导员工取得成果。

(2)交叉学习对于加深员工对整体工作的理解非常重要。

(3)工作主管参与到日常执行的流程活动中,当出现问题时,他们可以与下属保持密切联系。

(4)在没有监督帮助的情况下,那些训练有素、纪律严明的员工可以被授权去发现问题并实施解决方案,这是管理方面的真正主动计划。

绩效反馈

一位高效率的员工总是在轮班结束之前完成她的日常工作。在每天的最后一小时,她将被重新分配到仓库中的其他地方,协助另一名员工完成其工作。不幸的是，她额外做的工作并没有被管理者看到，帮助他人的工作也没有被计入额外生产力。在这种情况下，这个帮助他人的人会认为自己因为高效地完成工作而受到了惩罚。她唯一的愿望是自己当天的所有表现可以被记录并予以奖励。

仓库员工必须相信对他们的评估是有意义的，而且是针对他们所做的工作而进行的评估。尽管是任务驱动的，但 WMS 必须足够灵活，才能在轮班过程中记录每个人的所有活动。

绩效考核制度不仅要针对具体的工作，还必须被员工充分理解。让员工参与制定绩效考核制度的过程，可以确保对工作绩效的要素进行监控和衡量，这也有助于获得员工的认同。通过建立和传达用于衡量员工工作成果的关键绩效指标（Key Performance Indicator，KPI），可以优化绩效评估系统。表 5-2 列出了 KPI 的一些示例。

表 5-2　KPI 示例

员工	管理
订单输入准确率	库存持有成本
拣货准确率	库存周转率
每小时拣选线数量	订货周期
周期盘点准确率	人员利用率
产品受损百分比	运输准确率
接收的纸箱或托盘数量	订单完成率
装载的拖车数量	客户满意度

衡量什么最重要？

企业必须不断提供绩效反馈，使仓库员工了解他们的工作情况。如果可以在员工工作站附近，将员工绩效用可视化的方法表示出来，那么效果将会很好。当员工被重新分配到仓库的另一个区域时，必须采用适当的方法来提高员工的工作效率。该领域的其他例子包括以下几个。

（1）适当时，以货物数量和金额说明绩效。

（2）计算员工绩效，以便比较不同员工、部门和工厂之间的绩效。

（3）正式评估还应包括员工的自我评估。

（4）个人和团队的杰出表现应得到奖励。

认可

从历史上看，仓库和装货码头一直被认为是恶劣的工作环境，需要强壮的人从装货码头运送货物到拖车上。随着信息技术的进步和智能机器的发展，许多仓库和配送中心的工作场所发生了巨大的变化。管理人员花费更多的时间进行战略制定，员工花费更多的时间为其提供的产品增加价值。

随着劳动力和仓库环境的变化，工作场所在员工眼中必须是公平的、开放式沟通的、协作且无威胁的。所有员工之间的工作分配必须公平且相对平等。管理人员需要充分解释如何分配特定工作任务以及为什么分配特定工作任务来促使员工理解。公司应该营造一种团队氛围，鼓励管理人员与员工之间以及员工彼此间的开放式沟通和赞美。

对于一家公司，团队中的员工实际上是在进行自我管理，应由团队共同决定并批准其成员的休假时间。刚开始可能觉得很不合适，这是因为团队需要去负责休假的那个成员的相关工作，而且团队中没有替补员工。

不同部门间的服务导向

研究表明，当一个部门在内部表现出以客户为导向的特征时，它也开始将其他部门视为接收其产出的内部客户。无论是对内的员工还是对外的供应链合作伙伴，整个组织如果可以形成以客户为导向的氛围，那么将会在市场上更具竞争力。

一线仓库员工参与度结果

图 5-2 说明了与内部以市场为导向的工作场所有关的重要结果，对于服务类型的组织（例如没有产品，通过管理产品、信息和成本为客户提供服务的仓库）来说尤其如此。图中的笑脸表示，超过 57％的仓库员工对经理通过知识拓展、信息交换、协助、绩效反馈、认可、不同部门间的服务导向来提供以客户为中心的内部工作环境的满意度大约为 68％。经理们表示，与对关键领域不满意的员工相比，满意度高的那组员工的工作效率和安全性更高，他们似乎在工作中的沟通更流畅、整体满意度更高。

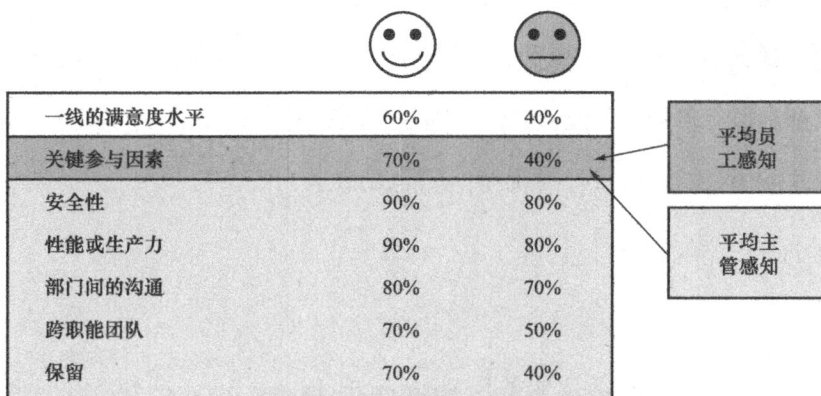

	☺	😐	
一线的满意度水平	60%	40%	
关键参与因素	70%	40%	平均员工感知
安全性	90%	80%	
性能或生产力	90%	80%	平均主管感知
部门间的沟通	80%	70%	
跨职能团队	70%	50%	
保留	70%	40%	

图 5-2　内部市场导向结果

物流人员发展案例研究

　　经验丰富的仓库经理提出的工作纪律，有助于确保员工遵守已建立的流程，这些流程对仓库运营的质量和成本而言至关重要。除了纪律以外，与员工建立融洽的关系也很重要，这可以鼓励他们进行沟通，积极工作，并为自己的工作感到自豪。以下案例研究提出了仓库中 3 位经理的困境，而其中 2 位经理之间的管理风格差别很大。经理必须缓解紧张的关系，才能鼓舞在职员工的士气。

Logistics Consolidators 公司（LCI）（物流人员发展案例）

　　保罗・克拉斯（Paul Krass）一想到他的联席主管和最近新聘用的大学朋友之间的关系和管理问题，就难以入睡。在不到一个月的时间里，保罗的朋友正在考虑提出辞职，而他的联席主管想知道为什么保罗曾经建议雇佣这个人。保罗知道，这两个人最初会有很多性格上的差异需要克服，但他认为随着时间的推移，这两种性格会互补。但如今似乎已经到了剑拔弩张的状态，保罗夹在二者中间进行调解。他知道这两个人对公司都是很有价值的，他认为他必须找出问题并提出预防性的解决方案，这样才能留住这两个人才并保持他们的友谊。

LCI

　　最近，LCI 将其运营业务与 Smarter Packaging Services 整合在一起，为新客户提供量身定制的包装，以支持其促销活动并降低物流成本。这一安排非常重要，有助于说服一家大型消费品制造商与 LCI 合作。

将供应商和客户关系进行整合是 LCI 的一个新想法。该公司已有 20 年的历史，为 50 多家消费品制造商提供区域仓储、整合和分销服务。新的整合运营使得库存吞吐量几乎翻了一倍。因此，LCI 为新业务租了一个相邻的设施。

传统上，LCI 的员工包括操作员工（升降机操作员、检查员、库存职员、操作员组长等）、一线主管（管理文书工作流程、工作安排以及与司机沟通交付或提货）、客户经理（与托运人、客户、其他部门主管沟通）、大楼经理（与其他经理和主管进行沟通）和主管［与建筑经理、其他主管以及高级管理层（包括股东）沟通］。LCI 采用了新的 WMS 和运输系统，可通过文件交换来代替对产品移动和沟通的管理。此外，该公司用具有移动扫描仪和智能系统的新设备替换了旧的升降设备，用于设定标准的升降机高度，从而提高了员工拣选和产品上架的效率。该公司认为，使用技术将有助于减少公司的员工数量。

LCI 通常会通过一家临时机构聘用操作员和一线主管，如果他们在职学习得足够好，LCI 将为他们提供全职工作。新员工都会接受为期一周的在职培训。培训师一般是新员工即将被分配到的区域的现有员工。人事部门会在当地报纸上刊登 LCI 的招聘广告，招聘职位包括客户经理和大楼经理等。

当计划装运产品时，典型的订单流程如下。订单由客户服务部门接收，并由运输部门安排合并和运输。每天下午，提货单会被送到运营部门进行处理。这些订单在晚上被提取，并在第二天早晨发货。升降机操作员挑选和下订单，检查员复核产品数量。承运人被指定在某一时间上门提货，并对货物进行计数和薄膜包装。由于订单的一致性和升降机操作员的经验不同，有时可能会要求司机协助装货。

1. 情况

保罗·克拉斯、安迪·梅茨（Andy Mets）和雪莉·安德森（Shelly Anderson）在星期四晚上聚在一起打乒乓球，并随意地讨论了一下他们物流公司的业务。保罗是运输和客户服务总监，安迪是 DC 的运营总监，雪莉是公司的营销副总裁。

保罗是一位刚毕业的工商管理研究生，他建议他的一位研究生刚毕业的朋友担任安迪的新运营经理，负责新包装服务和新的大客户的分销需求。保罗的朋友基思（Keith）曾获得过最高学术荣誉，并且过去几年中在经营自己的企业方面拥有丰富的经验。安迪认为，让基思认真考虑下这份工作是个好主意，况且新的业务需要一位具有创业精神、能够自我管理的经理。基思拥有高等大学的硕士学位，这是一个加分项。

在面试中，安迪为基思进行了正式的职位描述。职位描述是从人事部门的文件中获取的，又因为只有一页所以描述过程非常高效。基思和安迪谈了一个小时，在参观了新设施并讨论出了一份可接受的薪水后，他们做出了决定：基思将从星期一开始工作。

入职的第一天，基思就遇到了问题。周末基思装饰了他的办公室，其中包括把他的学位证挂在墙上。星期一早上，基思制订了一个计划，要查看工人的人事档案并坐下来与每个工人谈论他们的工作、想法和兴趣。基思有一些关于评估其员工的培训计划和过程的想法，并亲自了解员工。而安迪的计划是不同的。一走进基思的办公室时，安迪就提到基思努力获得的学位，并告诉他应该立刻行动起来。

一周后，基思来到保罗处寻求建议。对话内容如下。

基思："嘿，保罗，我能和您谈谈吗？"

保罗："当然，基思，你知道你可以相信我。"

基思："我不确定这工作是否适合我。"

保罗："你是什么意思？"

基思："感觉安迪的军事化服务和管理风格与我待人的方式相矛盾。每当我问问题时，安迪都会说，如果他要向我解释一切，那不如他自己去做。我也听到他对我的工人这样说过。"

保罗："安迪是一个很努力的人，从事这项业务已经很长时间了。跟着他你可以学到很多东西。"

基思："但跟着他并不是我所期望的。我希望能接受一些正规的培训，并花一些时间来加快上手速度。他是这样对待所有新员工的吗？"

保罗："怎样对待呢？"

基思："例如，他经常说'员工不做他们应该做的事情，是因为自己不在乎'。我知道他指的是我，但据我所知，安迪从来不会解释事情的所有细节。当我请他帮我解释的时候，他只是说'我很乐意帮你，但我现在太忙了'。"

保罗："安迪的做法有点直接，但似乎确实适合这类工人。"

基思："您指的是什么类型的工人？"

保罗："如今的 DC 工作人员与过去不一样。"

基思："我要说的是，如今的技术发展，可以让工人不必花太多时间去处理烦琐的文件工作，而且与过去的主管以及预期相比，我们可以拥有更高水平的批判性思维和决策。实际上，我向安迪建议，如果我们对员工重新进行培训，并重新设计流程，则可能会减少主管级别的员工数量。"

保罗："安迪的反应是什么？"

基思："他说，这种情况永远不会发生，因为员工并不会对公司忠诚，所以需要不断地观察和反复检查。他说'他们只是忠于薪水而已'，这就是他用来激励他们的方式。我觉得这是一种威胁方法。当员工听到他们应该做某件事是因为有报酬，而且要为公司的利益去做时，他们实际听到的是，自己做的所有事情都只是为了公司老板的利益而已。"

保罗："基思忍耐一下，我会和安迪谈一谈。"

在基思和保罗交谈后不久，安迪来到保罗的办公室，谈话内容如下。

安迪："嗨，保罗，我可以和您谈谈吗？"

保罗："当然，安迪，你知道你可以相信我。"

安迪："我不确定基斯是否适合这份工作。"

保罗："你是什么意思？"

安迪："我告诉他要做一些与自己职责相关的事情，但他的表现就好像我在用外语跟他谈一样。似乎每件事都要我手把手地教他。他认为我们应该拉近和工人之间的距离，而我一直告诉他，除非你严厉地对待他们，并指导他们的一举一动，否则他们不会尊重你。我真的没想到我也必须对他这样做。"

保罗："你认为基思在接下来几周内还是不能适应吗？"

安迪："也许吧，但我不确定我对他的管理风格是否满意。他想让工人参加计划会议，并让他们参与决策。我知道这些人大多数都是良好的升降机操作员，但我并不放心将客户交到他们的手中。我告诉他，我们已经制定了改善员工工作感受的政策。您知道我们有一个意见箱和开放政策，但并没人使用这些。"

保罗："基思具备一些良好的特质，而且带来了一些新的管理技术，这将有助于我们更好地与客户融合。"

安迪："当然，但是我们也必须与员工融合吗？他谈论的是内部客户，将我们用于客户的营销手段也用到员工身上。他想创建一个学习型组织环境，并培训经理和员工对同伴的声音保持敏感和及时响应他人。"

保罗："你有什么建议？"

安迪："首先，我们向员工付款，这应该足够了。除此之外，我们还整合了部门，使部门之间更加紧密地协作。"

保罗："你怎么知道我们的融合度和协作度比过去更高了呢？我们仍然有部门，我们仍然在根据员工工作的具体效率评估他们的表现，而不是基于整个流程。确实，我们有一支高素质的团队，但是我们怎么知道他们目前的工作方式就是最适合他们的呢？"

安迪："你的想法现在听起来很像基思的想法。嘿，我知道他们的工作是出于底线。一切顺利时，我们会重新进行整合与协作。"

保罗："再给基思几个星期。同时，我将与他谈一谈。"

2. 眼前的挑战

意识到基思有一天可能会辞职，而安迪最多只能再忍受两个星期时，保罗关上门，将头靠在桌子上。他如何才能想出一个方法，向两位经理展示他们各自为公司提供的价值，特别是考虑到与 Smarter Packaging Services 公司的新合作伙伴关系、新客户和新的物流劳动环境。如果基思与安迪不互相学习，新业务可能会受到影响。

3. 问题讨论

（1）如果LCI要成功为其新业务提供服务，哪些问题是真正重要的？

（2）在当前的管理理念和文化下，你对与Smarter Packaging Services的新型整合关系有何期待？你将如何处理这种关系？

（3）你认为基思的建议和管理方法有何优势？你认为他的管理方法与安迪的管理方法相比如何？

（4）在满足老板要减少员工这一要求的同时，你能提出什么建议来聘用专业人士并避免每种管理风格的弊端？

（5）你将采取哪些措施来确保员工可以发挥其才能，以及如何改善员工之间的内部整合关系？

（6）基思提出的内部客户是什么意思？有什么方法可以衡量将员工视为内部客户的结果？有什么方法可以衡量内部整合与协作的结果？

（7）如今管理员工的方式与过去有何不同？

小结

（1）如果仓库的运作环节（通常是供应链中的最后一个环节）薄弱，那么原本很牢固的供应链系统也会显得薄弱。

（2）训练有素且积极进取的员工是仓库运作成功的重要因素。

（3）管理人员必须在仓库操作方面具有良好的技术水平，必须精通信息技术，并且必须要很好地管理人员。

（4）人员分配和设备利用率会极大地影响预算。

（5）绩效评估系统不仅必须针对特定工作，而且还必须被员工充分理解。

推荐阅读

［1］ Autry C. W. and A. R. Wheeler. Post-hire human resource management practices and person-organization fit: a study of blue-collar employees[J]. Journal of Managerial Issues, 2015, 17 （1）: 58-75.

［2］ Autry C. W. and P.J. Daugherty. Warehouse operations employees: linking person-organization fit, job satisfaction, and coping responses[J]. Journal of Business Logistics, 2003, 24 （1）: 171-197.

［3］ Ellinger, Alexander E., Andrea D. Ellinger, and Scott B. Keller. Supervisory coaching in a logistics context[J]. International Journal of Physical Distribution and Logistics Management, 2006, 35 （9）: 620-636.

［4］ Ellinger, Alexander E., Scott B. Keller, and Ayşe Banu Elmadağ. The empowerment of frontline service staff in 3PL companies[J]. Journal of Business Logistics, 2010, 31 （1）: 79-98.

［5］ Keller S. B. Managing the Functions: Personnel, Chapter 16, in Handbook of Global Logistics and Supply Chain Management, Sage Publications, editors John T. Mentzer, Matthew B. Myers, and Theodore P. Stank, University of Tennessee: 273-282.

［6］ Keller. B. Kimberly Hochard, Thomas Rudolph, and Meaghan Boden. A compendium of multi-item scales utilized in logistics research （2001-2010）: progress achieved since publication of the 1973-2000 compendium[J]. Journal of Business Logistics, 2013, 34（2）: pp. 85-93.

［7］ Keller S. B. and Ozment J.. Research on personnel issues published in leading logistics journals: what we know and don't know[J]. International Journal of Logistics Management, 2009, 20（3）: 378-407.

［8］ Keller S. B., Voss, M. D. and Ozment, J. A step toward defining a customer-centric taxonomy for managing logistics personnel[J]. Journal of Business Logistics, 2010, 31 （2）: 195-214.

［9］ Carr J. C., Lemay S. A. The growth and development of logistics personnel[J]. Transportation Journal （American Society of Transportation & Log）, 1999, 39（4）: 43-44.

［10］ Periatt, J. A., S. Chakrabarty, and S. A. LeMay. Using personality traits to select customer-oriented logistics personnel[J]. Transportation Journal, 2007, 46（1）: 22-37.

［11］ Richey, R. G., M. Tokman, and A. R. Wheeler. A supply chain manager selection methodology: empirical test and suggested application[J]. Journal of Business Logistics, 2006, 27（2）: 163-190.

06

仓库谈判、协议和合同

本章将讨论合同在仓库服务中的作用，以及达成仓库服务合同所涉及的过程，本章还将探索建立合同中的条款和内容。

合同的作用

所有第三方仓库均应受合同约束，无论是公共仓库还是合同仓库。合同旨在保护使用者和供应商，并促进双方之间的良性合作关系。合同规定了双方的期望，发生违约时为双方提供保护，并在必要时为采取一定的法律手段提供了保障。签订合同前的谈判主要是确定具体要求，并确保双方都理解并同意相关费用，以便明确费用是如何定义和产生的，并清楚费用中包括哪些服务。在具体落实期间会有很多当初没有预料到的问题出现，因此建议合同中要包括谈判和签订合同时已知的所有服务和成本。

信息邀请书（RFI）、建议邀请书（RFP）和报价邀请书（RFQ）

在定义了需求之后，选择仓库供应商的第一步，就是要获得在理想的地理位置，可以提供仓储服务的潜在供应商的信息。这可以通过草拟一份该区域内提供仓库的潜在供应商清单来实现，相关信息可以通过行业协会网站获得。区域商会可能会有仓库供应商的名称和联系方式。

第一阶段的目标是获得有关仓库业务的潜在供应商的初步信息。信息邀请书（Request for Information，RFI）会发给每个潜在供应商。在

RFI 中，会告知对方自己打算雇用仓库服务供应商的意向，并且会向每个候选供应商提供所需的仓库的简要描述。理想情况下，RFI 会提供一份工作说明书（Statement of Work，SOW），向仓库管理者提供更具体的任务要求，从而促进更有效的回应。当然，也可以将 SOW 推迟到建议邀请书（Request For Proposal，RFP）阶段。以下是 SOW 中包含的常见组件列表。

（1）所需服务说明。

（2）时间周期。

（3）价格结构。

（4）设备要求。

（5）所需的许可证和资格证书。

（6）可交付成果。

（7）附加技术要求。

（8）报告要求。

（9）库存控制系统要求。

（10）所需人员资格。

（11）质量保证（Quality Assurance，QA）/质量控制（Quality Control，QC）计划要求。

然后，各个仓库管理者将针对每个仓库服务供应商组装一个信息包。信息包中应包括可提供的服务、仓库规模和条件、可用设备和人员、所处理产品类型、许可证、操作信息、资质证书、凭证，以及其他任何有助于客户进行初步筛选的业务信息，当然还应该包括联系信息。供应商应该在 RFI 指定的截止日期之前提交回复，不按时提交也会成为取消资格的原因之一。

在 RFI 指定的截止日期之后，客户将开始审查提交的内容，找出可以满足自己的服务需求的潜在供应商。对这些供应商进行初步筛选后，客户只专注于潜在的供应商，而其他申请会被搁置一旁。

第二阶段，开始发布公告和 RFP。在 RFP 中，客户为潜在的仓库供应商提供有关服务和空间需求等更多详细信息。根据 RFI 阶段获得的信息和自身的需求更新 SOW，客户将提供具体的产品信息，包括产品尺寸和重量、SKU 数量、预期物流速度、订单数量和尺寸以及特殊的处理需求（比如温度控制或 VAS 等需求）。RFP 还应向潜在的仓库供应商提出可以进入报价邀请书（Request For Quotation，RFQ）阶段的评估标准。评估标准包括总体经验、仓库过去的服务表现、行业认证和质量保证计划、规定服务的估计价格等要素。

客户提供特定的产品信息和服务信息，使潜在的供应商可以评估他们自己的能力和兴趣，以便可以进入提案和谈判阶段。

在提案（投标）中，供应商会为客户提供有关其处理产品量的能力等更具体的信息，并提出管理潜在客户的业务计划。应针对预期的数量、服务期望以及所需的设备和人力来制定提案。提交申请的仓库供应商此时还需要提供成本估算和专业推荐信。竞标者必须确保满足客户在 RFP 中提出的所有要求，并对每个规定的评估标准做出回应，最大限度地降低被淘汰的概率，从而进入流程的下一阶段。

接着，通过 RFP 阶段的供应商会被要求向客户提交具体的价格，从而进入 RFQ 阶段。这是进行最终谈判前的最后一个阶段。费用应根据客户想要的单位来进行沟通。例如，客户可能想评估每个托盘的成本，包括接收、上架、存储、拣选和装载；另一个客户可能需要每箱成本，包括所有手续费，然后分别收取每箱的仓储费。以简单易懂的方式传达价格信息非常重要，这便于客户进行评估，并有助于确保客户对价格组成没有误解。客户可以要求投标者提供与目前市场价格相比，其价格的现实性和合理性的相关信息。此类信息为客户提供了市场定价方面的定性信息，以及在比较报价阶段提交的定量定价数据。

收到所有 RFQ 并进行评估后，客户可以决定与最终候选仓库供应商进行面谈，以便在做出最终决定前进一步讨论和探索服务及相关成本。一个精明的客户会估算自己的独立成本，并将其与投标人提交的价格进行比较。进行独立的成本估算具有很多好处，包括帮客户补充其要求，提供一个基准来评估投标人提交的定价，以及提供在讨论和谈判中可以使用的信息。在谈判阶段，将详细讨论成本，并最终确定有关责任和期望的协议。在进行正式谈判后，应立即选择一级和二级仓库供应商。

谈判

RFQ 阶段提供了最终谈判所需的有关服务能力和价格等的详细信息。潜在的供应商已被筛选至剩下最后一组可以考虑的候选者。仓库管理员是评估客户需求、估算人员和设备成本，以成功为客户提供服务的专业人员。建议客户进入谈判阶段之前对自己的服务和价格进行分析。他们应该具备良好的信息分析能力，以使谈判的结果对客户和供应商来说都是成功的。

合同条款和内容

合同应根据客户和供应商的要求"量身定制"，但是，所有合同都应包含一些条款。仓储服务协议或合同的模板可以通过各种来源获得。合同应至少包括对要提供的仓储服务的列举、责任条款、付款条件和交货要求等。

以下是仓储服务协议示例，仅供参考。

仓储服务协议示例

（1）签订协议的两个实体的法定名称和所在地：例如，此协议由客户与××××州组织的仓库公司在20××年××月××日签订。

（2）协议期限和终止条款：包括协议开始和终止的日期，以及允许任何一方终止本协议的条款和所需的提前终止条款。

（3）要提供的服务：定义所有要提供的服务，包括所有VAS；包括对客户货物在仓库中实际位置的任何限制或要求。

（4）存储货物的说明：根据健康、安全或环境要求，清晰陈述要存储的货物的任何存储或处理特点；明确规定仓库可以拒绝接收入库的货物的条款；说明存储的货物是否有财务留置权。

（5）责任条款和限制：说明仓库将要负责或限制的责任金额，阐明任何允许免除责任的条款。

（6）各方的保险义务：定义客户需要获得和维持的保险类型和金额，包括所有赔偿条款、仓库员工的保险要求等。

（7）不可抗力条款：明确说明由于火灾、洪水、战争等干扰或其他超出其责任控制范围的因素，而造成损失或服务中断时的责任和义务。

（8）保密协议：明确哪些信息不能在协议双方之外被披露，定义保密期，明确违反保密协议的处罚。

（9）非竞争性限制：明确各种竞争性限制，包括仓库禁止存储的类似商品或竞争对手的商品。

（10）保证：这些条款可以包括保证要交付的货物状况、计数准确性、标签和要交付的货物质量。

（11）争议解决条款：明确处理任何争议的预期方式和商定方式，明确管辖的地理区域。

（12）费率和费用：明确要提供的服务所需支付的费率和费用；包括付款条件，例如付款到期日或频率，滞纳金的罚款，以及所产生的托收费用。

（13）费率表：明确要提供的服务、与之相关的时间段以及其成本；服务可以包括存储、处理、接收、运输、配套、特殊包装、分期和小型装配服务，应明确是否有最低或最高服务费。

仓库收据示例

（1）货物所有权：此部分应包括一条声明，以表明客户对所存储财产的所有权状态，包含当所有权发生争议时的赔偿声明。

（2）提供的服务：此部分应定义所提供的服务。

（3）费率和费用：此部分应包括合同费率表中的适用信息。

（4）付款规定：此部分应按照费率表说明付款金额。

（5）客户同意的保证：包括有关交付货物的客户保证，如数量的准确性、货物的质量等。

（6）留置权和担保权益：定义留置权条款和任何适用的担保规定或费用。

（7）纠正措施通知：规定必须发出有关不准确或不完整交付货物的通知时间段。

（8）搬迁和终止：定义在何种情况下可以出于业务目的和提前通知要求而移动存储的货物，并定义授权的默认操作以及采取这些操作的条件。

（9）仓库负债：定义仓库在防止货物损坏、变质或丢失方面的预期；界定未能达到预期的责任范围；如果适用，定义债务计算方法。

（10）保险：明确保险条款，以及总付款额是否包括任何保险金额。

（11）地址更改：定义搬迁的通知要求。

（12）索赔：定义索赔过程、提出索赔的通知时间段、任何商定的解决争议的流程。

（13）法律管辖权：定义任何诉讼或仲裁的地域管辖权。

（14）（权利与义务）可分割性：定义可以取消协议的条件。

（15）所需签名：定义所需的原始签名，明确电子签名是否可以接受。

如本章所述，在图6-1中对仓库服务招标的一般流程进行了总结。

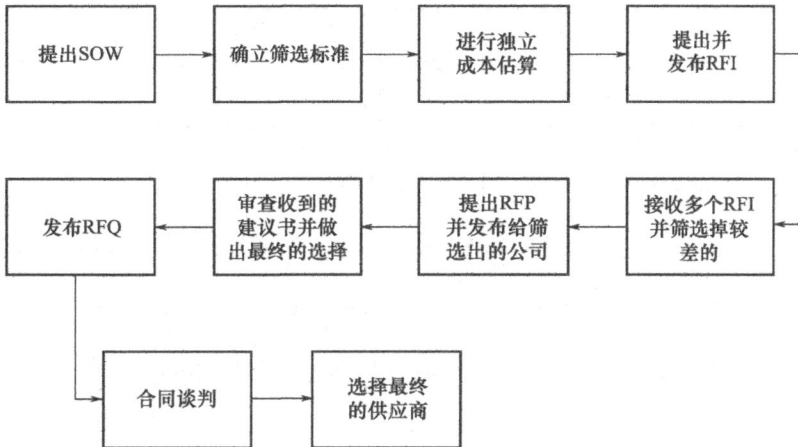

图 6-1　仓库服务招标的一般流程

小结

  合同是一种在客户和仓库供应商之间建立业务关系的机制。合同可确保双方都了解要求，并在违反合同的情况下提供法律追究的权利。选择仓库服务供应商的过程本质上是要迭代的，并且要确保传达和理解客户需求，说明供应商的能力，以及商定提供所需服务的价格。

推荐阅读

［1］ Halldórsson, A. and T. Skjøtt-Larsen. Dynamics of relationship governance in TPL arrangements a dydactic perspective[J]. International Journal of Physical Distribution and Logistics Management, 2006, 36（7）: 490-506.

［2］ Logan, M. S. Using agency theory to design successful outsourcing relationships[J]. International Journal of Logistics Management, 2000, 11（2）: 21-32.

［3］ Lukassen, P. J. H. and Wallenburg, C. M. Pricing third-party logistics services: integrating insights from the logistics and industrial service literature[J]. Transportation Journal, 2010, 49（2）: 24-43.

［4］ Lynch, C. F. Logistics Outsourcing[M]. 2nd ed. Memphis, TN: CFL Publishing. 2004.

［5］ Olander, M. and A. Norrman. Legal analysis of a contract for advanced logistics services[J]. International Journal of Physical Distribution and Logistics Management, 2012, 42（7）: 673-696.

［6］ Poppo, L. and T. Zenger. Do formal contracts and relational governance function as substitutes or compliments[J]. Strategic Management Journal, 2002, 23（8）: 707-725.

07

仓储管理

    流程管理是成功管理仓储业务的关键。合理规划货物的动态流动以及相应的VAS，是仓储管理成功的第一步。必须消除流程中的差异，并确保员工对流程（尤其是流程的特定部分）有充分的了解，从而通过持续改进流程、建立和跟踪指标、集成现有技术来提高仓库运营效率。

改进流程管理

仓库中的流程管理

管理货物的流动和增值活动需要员工和管理层具有流程管理的技能。仓库总体流程是多个微流程和活动的汇总。必须根据预期的时间、单位、质量和成本来阐明和衡量每个活动和过程的结果。员工应接受良好的培训，以理解和实现成果指标。此外，员工应了解他们在每个活动中的表现是如何影响整个流程并将其集成到整个业务流程套件中的。图 7-1 所示为仓库流程实例。

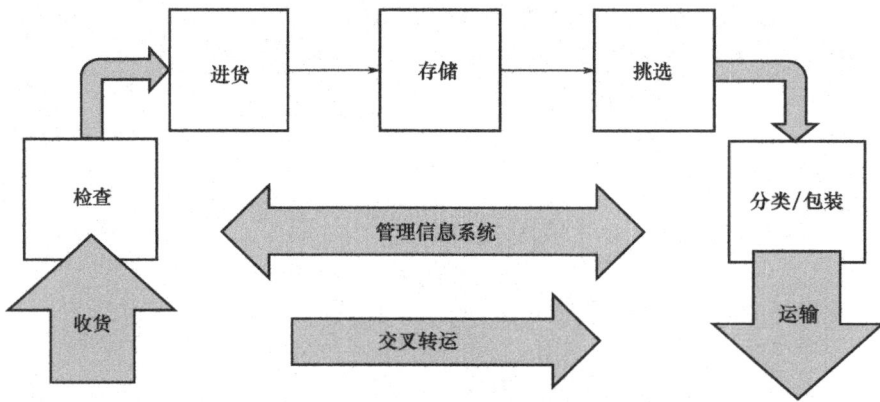

图 7-1　仓库流程实例

流程变化

负责流程的员工应充分理解流程中的各项活动。流程由活动组成，如果管理得当，这些活动可带来高效且具有成本效益的运营成果。执行活动的差异会导致结果质量、处理时间和成本的差异。因此，必须将流程简化为仅包含为流程增值的活动，所有浪费时间的活动都应取消。只有对流程进行标准化及优化，才能实现高效的运作。此外，在流程中执行活动的员工也必须很好地理解流程。

流程图

要确保流程满足所有要求，就要采取一种严格的方法。流程图需要记录流程中的所有活动，并分配员工对每个活动负责。针对每个活动的结果，必须定义一种度量指标。应确定每个活动的参数和上、下容差，并评估其可行性和可接受性。必须为每个活动确定可接受的处理时间和待管理库存单位的期望值，并且必须对员工进行培训以达到这些期望值。

设计出的流程可以用可视化的图表来呈现，从而在员工培训的时候使用。流程图应非常清晰，以便员工快速参考。它们还有助于识别需要更改的活动，从而促进流程的持续改进。员工可以利用流程图来更好地了解他们的综合角色，以及他们应该如何实现公司的目标。

1. 瓶颈或容量限制

从本质上讲，各个活动的容量水平会影响整个流程的总产出能力。处理容量由产出水平最低的活动确定。该活动正是整个流程的瓶颈，会限制流程的最大容量产出。仓库经理必须确定每个流程中的瓶颈是哪些。只有这样，管理人员才能对流程有清晰且可实现的绩效预期。

2. 顺序和并行处理

管理人员和员工都应不断寻求改善流程和提高容量的方法。流程图说明了组成流程的活动顺序。活动会接连发生，因此，处理时间是完成每个活动所需时间的总和。可以同时执行的活动被称为并行处理。如果可能的话，通过并行执行多个活动，可以减少总处理时间。

初级仓库活动和流程

仓储中有许多流程，包括收货、上架、补货、拣货、暂存、检查和装货。每个总体流程中都有许多子流程，由于每个仓库客户所执行工作的性质不同，许多子流程可能会有很大差异。

收货和上架

复杂的收货过程可能包括以下的一系列阶段。首先，卡车司机将货运文件提供给安保部门，以获取进入 DC 的许可。收货门的任务分配由安保部门提供，否则司机必须停车并进入收货办公室来获得进入许可。拖车到达适当的门以后，收货人员会从拖车上卸下产品，并检查货物情况、确认货物数量和质量。卸载货物后，收货人员会对司机的收据签名进行验证，收据由司机持有。

本小节将要讨论的 4 个阶段组成了收货过程。第一阶段可以进一步细分为以下各个活动过程。

（1）司机把车停在路边，去获取进入许可。

（2）司机为安保部门提供货运文件（核实提货单和委托书）。

（3）出于安全考虑，安保部门将进行司机和设备检查，验证仓库管理系统中的文档，并由系统生成收货门分配。

（4）司机收到收货门分配，然后转到收货门位置。

（5）司机在收货门位置停下来，打开收货门。

（6）在安全倒车到指定的收货门后，司机将拖车锁在接收站台上，并用轮档固定牵引车和拖车。

（7）升降机操作员在开始卸货之前，要确保装卸机处于正确的位置。

仓库是通过一个复杂的活动和流程网络来进行管理的。当入库拖车到达收货门后，仓库人员接管并开始卸货。尽管从一个 DC 到另一个 DC 的接收活动可能有所不同，但是接收的目标都是从拖车上有效且安全地卸载产品，检查产品情况，记录数量和质量的差异，将入库产品移动到指定的插槽位置，并更新库存记录以指示仓库中产品的可用性。

1. 与司机互动

卡车司机可能会与多个仓库人员互动。在到达仓库之前，司机可以打电话预约送货时间。收货主管和领班通力合作，建立一个易于管理的拖车进站时间表。

司机进入 DC 后与安保人员互动。一些司机将拖车放到指定区域或门口，然后将拖车挂在另一辆空车或装载的拖车上，再离开设施。挂车过程可能会发生在正常轮班时间或下班后。在挂车过程中，司机与收货人员只能进行有限的互动。

与挂车过程相反的是，司机在等待期间需要交付卸载的货物。实时卸货需要司机和收货人员或主管交换文件和签名，以此来控制卸货过程。根据仓库政策，司机可以在卡车驾驶室或指定的驾驶员候车室等候。

以供应链流程为导向的仓库人员，需要重视卸货的及时性，从而让司机可以及时上路。同样，司机必须遵守交货时间表，并主动将任何延误的可能性告知收货人员。

2. 卸货和检查

卸货时可能需要使用叉车进行货盘运输，或者需要使用输送机设备来运输落地式拖车。无论哪种方式，都必须从拖车中取出货物，进行检查并清点。只有这样才能将货物放入可用库存中，并更新信息系统。必须为接收活动分配接收站台的空间，接收活动包括卸载拖车和将入库产品放到站台上。入库拖车的产品样本只有通过严格的质量检查后，才能被收入仓库，同时司机会收到清晰的交货收据。简单的检查可能是查看外箱，看包装是否有皱褶、破碎或污染等问题；而更严格的检查可能需要测试产品的耐久性。

3. 改善流程

拖车计划可以帮卡车司机和汽车运输设备保持运动状态，而不是闲置等待卸载。通过减少产品与运输车的停留时间，可以提高仓库的运作效率。在实时卸载中，对产品进行计数并验证收到的货物是否与文档一致是非常耗时的。一些收货流程已删除了这一过程，这有利于提高托运人装载和计数的效率。产品的托运人需要对产品的准确性负责，而承运人不需要对产品的准确性负责。使用 TL 服务将托运人的风险降到最低，在这种服务中，货物被装载、固定并直接运输到最终目的地，而无须打开拖车进行交叉转运或合并其他货物。托运人较高的装载和计数效率大大减少了承运人的等待时间和责任，从而减少了承运人的成本和托运人的运费。

技术帮助提高了仓库流程的准确性。越来越多的制造商和仓库采用 RFID 技术来跟踪整个供应链中的产品，这样减少了处理时间，提高了准确性。一项针对多个消费品包装仓库的研究表明，在产品上使用 RFID 标签时，单个箱子的处理时间虽然只减少了一点，却可以使得整体的总处理时间显著减少。仓库需要不断改进流程设计，从而减少流程的持续时间和复杂性，同时提高服务水平。

补货

储存区和作业区的产品流需要在拣选后重新填充作业区的空槽。由于会限制人员进入储存区来保护人员和产品安全，因此管理人员应将补货的职责分配给特定的操作人员。指定的操作人员要熟悉产品位置，并知道何时将产品从储存区转移到作业区。库存完整性也会得到改善，因为储存区产品的相关活动仅是少数人员的责任。

拣货和暂存

在设计拣货和暂存策略时，必须考虑订单动态、产品布局、产品特性和其他因素。两者都需要高效的时间和空间利用率，以保持较低的运营成本和较高的服务水平。尽管存在多种拣货策略组合，但这里讨论的是一些常见的拣货策略：单一拣取、区域拣选、作业区与储存区、批量拣选和批次拣选。

1.单一拣选

单一拣选是指将单个订单分配给拣货操作员，拣货操作员随后一次拣选一个订单。例如，在拣选通道中，拣货操作员可以访问订单文档，并从离拣货操作员最近的 SKU 开始拣选。可能有按灯拣选系统，该系统利用指示灯识别下一个距离最近的 SKU 的位置。拣货操作员走到灯的位置，并在拣选位置上拣选订单上要求的单位数量。订单完成后，箱子被放在传送带上运到装运码头。按灯拣选系统的设计各不相同,可能涉及将其他用于单一拣选的产品处理设备。旋转式传送带(垂直和水平)通过将产品带到拣货操作员处进行操作,灯光树指示拣选位置和要拣选的单位数。图 7-2 展示了自动化产品处理技术。以类似的方式,一个办公产品 DC 利用机器人将可移动的 SKU 货架带到拣货操作员的拣配站。

拣选技术

拣选技术包括单一拣选、区域拣选、大批拣选和批量拣选。

图 7-2　自动化产品处理技术(图片由 Baloncici/Shutterstock 提供)

2. 区域拣选

小型客户要求送货上门的订单,通常采用区域拣选策略。将拣货操作员分配到指定的库存拣配区域,从而让每个拣货操作员负责拣选存储在该区域内的每个订单上的物品。假设订单中包含遍布多个拣选区域的

SKU，则由多个拣货操作员完成单一订单的拣选。区域拣选使拣货操作员可以在处理一组有限的 SKU 方面获得一定的经验、增加熟悉度，并且这已被证明可以提高拣选准确性和速度。当在订单履行过程中使用按灯拣选系统时，也可以采用区域拣选策略。拣配通道分为几个相互连接的部分或区域。当区域一的拣货操作员完成了订单的拣选时，按灯拣选系统会指示该订单已完成，可以将其运输到 DC，或者将该订单准备好移至区域二，由另一个拣货操作员继续拣选。

3. 作业区与储存区

如前所述，某些货物特别适合存储在作业区与储存区。对于那些为了满足未来数量需求的货物来说，接收和存储的区域需要远离日常活动最频繁的拣配区域。作业区包含可立即用于填写订单的产品，并且可以从储存区中补充产品。

4. 批量拣选

计划第二天发货的订单可能会被考虑进行批量拣选。在这种策略下，WMS 将按 SKU 编号汇总要发货的总数量，然后会生成一个批量提货清单，并规定 SKU 的相应数量和提货顺序，从而最大限度地减少第二天发货的所有订单的取货时间和距离。单件产品散装拣选并运输到一个作业区拣选处，即形成了散货拣选线。第二天的订单直接在散货拣选线处拣选，在运输周期结束时，散货拣选线上的产品应减少为零。剩余在拣选线上的产品将与延迟或取消的货运绑定在一起。任何剩余的产品都可能表明出现了漏发的情况——这是最坏的情况。该策略是一种在运输已知最低数量的订单时并在特定时间范围内解决 OS&D 问题的方法，它允许通过运输和库存控制来快速纠正这些问题并调整库存。

5.批次拣选

拣选可能会分批进行，也可能由许多因素决定拣选方式，这些因素可能包括产品类型、DC 的位置、订购的数量、所使用的机械设备、承运人类型、收货人位置等。例如，输送机系统的容量和可用性可能会决定整个拣选和运输班次的批次排序。DC 可能会安排第一批订单发送到位置最远的零售店。运送到较远的目的地的司机将需要更多的时间来运输，并且必须在将拖车分配到离装运点较近的目的地之前进行装载。

安排批次拣选，以便拣选活动可以在员工和 DC 的各个区域之间相对平衡地进行。与其将大批量、单品种 SKU 的所有单元都安排在第一批，冒着让特定的拣货操作员和区域不堪重负的风险，不如将需求分散在多个批次中，并在整个班次中减少拣选需求。

满载货物、客户取货，甚至包裹打包订单，都可能是考虑是否进行批次拣选的重要因素。管理人员必须评估其特定拣选操作的影响因素，以确定批次拣选是否有益。

检查和装货

拣选后，产品必须暂存到等待运输的设备上，例如拖车、有轨电车、空运货船、轮船和驳船。拣选的产品可以按照将其装载到拖车中的顺序进行暂存。装货时还必须根据目的地来确定高效的卸载顺序。

1.检查

在装载之前，必须检查出库订单的准确性和质量，两者都应在拣配过程中进行检查，并且在某些操作中，要拣选产品并将其直接移动到出库拖车上。当订购了全部托盘数量的产品并且仓库配备了 RFID 技术来扫描装载的产品时,效率会大大提高。即使在托运人的装载和计数策略下,也建议对准确性进行最终检查。虽然 RFID 技术是确保订单准确性的一种先进手段,但是并非所有仓库都能证明与该技术相关的固定成本和可变成本是合理的。除此之外,还可以指派工作人员在装货前进行最后一次货物检查。

2. 装货

仓库和托运人之间的协议确定了装载运输设备的责任方。卡车司机最终应对法定的重量限制、拖车内的负载分配、运输过程中产品的安全性负责。通常情况下,卡车司机和助手(有时称为装卸工)会一起将货物装上拖车。装卸工是按照箱数雇用的临时工,帮助司机装卸产品,尤其是在需要手动搬运和堆叠产品的情况下。

在其他时候,产品由仓库人员进行装载,这时可能需要使用叉车或起重器,或者可能需要地板装载拖车,以便有效利用所有可用的拖车容量。这样有助于将运输成本分摊到更多数量的单位上,从而降低托运人的总成本,同时提高承运人的效率。利用可移动的传送带将单个纸箱带到拖车内部的装载人员处,为了在运输过程中固定和保护货物,可能需要特殊的支柱、可移动的隔板或缓冲技术。这需要在装载过程中进行管理,可能需要额外的材料、人工和时间才能将其集成。

小结

(1)了解和管理仓库中活动的货物流和 VAS,是优化仓库运营效率的关键。

（2）绘制流程图是了解和控制仓库操作的第一步。

（3）流程中的每个元素都必须为细化步骤，并对其效率进行分析。

（4）建立绩效指标，并确保所有员工都了解流程和标准，这是成功的必要条件。

（5）消除过程差异可以简化员工的工作，并提高流程的质量和及时性。

（6）在确定哪种类型的拣选方式最合适时，管理人员必须评估特定操作的影响因素。

（7）将技术整合到流程中，可以减少时间、提高准确性和质量。对员工进行技术能力培训始终是首要任务。

08

仓储性能

　　本章将探讨仓库空间可用性与设备布局和产品流之间的关系，涵盖了可用空间的优化工具和优化策略，并给出了仓库空间计算的示例。除了空间利用之外，本章还将介绍优化工人生产率的相关问题。你会看到过程分析和指标选择的重要性。设备利用率是本章讨论的第三个优化要素。绘制完整的订单流程图并测量关键性能参数对于优化仓库运营而言至关重要。

空间评估与利用

据传，一位仓库规划员利用天窗作为货架系统的标记，来设计仓库布局。幸运的是，货架与天窗在对齐之前就已经安装好了，在货架上的产品装满后，自然光线就无法进入仓库。

仓库空间的可用性受到货架系统和设备的布局、产品和其流动状态以及仓库空间利用计划的直接影响。仓库管理员必须考虑建筑物内设计的总空间、建筑物内可用于操作的最大空间，以及用于优化仓库操作的实际空间。

仓库内的总空间必须容纳产品流，同时也必须分配给行政办公室、记录保存系统、OS&D、托盘、通道、货架和其他存储系统。此外，还必须考虑机械、电池充电和维护、装卸站台、人员和司机区域（包括休息室和候车室）以及其他方面（例如蜂窝结构）。蜂窝结构属于仓库中产品之间的空槽，用于简化产品上架和拣选操作。由于较少的托盘数量占用的空间比所需的更多，因此蜂窝结构还可以识别未使用的空间。仓库管理员必须事先评估对这种库存能力的需求，以免由于缺乏足够的蜂窝结构而无意中造成仓储中的瓶颈问题。

例如，考虑出库的 10 辆 53 英寸的拖车所需的装运码头空间。假设产品重量不会超过拖车的最大法定重量，并且每辆拖车上总共要装载 26 个规格为 48 英寸 × 40 英寸的双层托盘（即每两层为一个）。如果夜班工人按照实际装载到拖车中的配置来拣选并分阶段装载货物，那么将需要足够的空间来放置 260 个托盘。产品需要进入通道，来管理存储和分段之间、分段和装载之间的产品。通道会增加所需的码头空间（另请参见 Napolitano and Gross Associates，2003，第 47 页）。

可以计算空间利用率，从而提供用来评估仓库空间利用率的许多指标。在前面的示例中，在任何给定的时间内，接收码头地板上的最大托盘数量为 260。假设承运人和仓库流程允许将全部托盘数量的订单直接实时装载到一半的拖车上。随着时间的推移，指标将表明，装运码头在以最大容量的 50% 运行，因为它是为 260 个托盘设计的，而现在只有一半在装运区域中（130÷260×100% = 50%）。在新情况下，管理层应该考虑减少码头空间，并将多余的空间分配给更有用的过程。

当然，应该计算可用的仓库总存储空间，并设计总空间利用率指标（存储的托盘总数 ÷ 可用于存储的托盘位置总数）。可用的存储空间不同于设计的仓库空间，因为设计的存储空间包括办公室和其他未用于产品存储的设施。建议根据所管理的 SKU 的类型、设施中用于产品存储和移动的设备，以及产品分组或仓库中的特定区域来综合评估空间利用率。空间利用率可以通过单元数量、平方英尺数和立方英尺数来计算。

最复杂的仓库和库存管理系统可以根据托盘上产品的高度，将入库产品分配到托盘插槽位置，从而帮助管理人员管理立方空间。这样，比较大的插槽就会用于放置 6 层产品组成的完整托盘，而不是 2 层产品的托盘。通过减少蜂窝结构的占比，可以提高空间利用率。但是，无论如何，空间利用必须以可用空间为基础，而不是以设计空间为基础。

例如，在计算货架中托盘产品的空间要求时，必须量化许多因素。首先，必须估算在任何给定时期内预期的最大托盘数量。这将允许有足够的存储空间来以最大容量管理仓库。需要考虑的因素包括以下几点。

（1）箱子大小。

（2）每层箱数。

（3）每个托盘的产品层数。

（4）物理托盘尺寸。

（5）托盘之间的间隙。

（6）货架上每个托盘上方的空隙。

（7）蜂窝结构占比。

（8）过道空间。

（9）其他可能需要的专门货架尺寸。

附件 8-1 提供了考虑蜂窝结构占比的基本示例（另请参见 Ackerman，1997，第 92—93 页；Napolitano 和 Staff of Gross & Associates，2003，第 67 页；Tompkins 和 Smith，1998，第 245 页）。在附件 8-1 中给出的假设下，任何一个时间段内，预计最大产品量所需的总面积为 11,394 平方英尺。当然，还必须考虑过道空间和先前列出的其他相关因素。假设仓库具有所需的空间，则可以将实际使用的空间与 11,394 平方英尺进行比较，以计算空间利用率。假设该月的平均使用面积为 9,760 平方英尺，则空间利用率约为 86%（9,760 平方英尺 ÷ 11,394 平方英尺 × 100%）。可以跟踪百分比随时间的变化，以评估空间利用率的增加或减少。

附件 8-1：仓库空间计算示例

产品托架所需的空间（立方英尺）：

（托盘宽度 + 托盘之间的空隙）× 托盘长度 ×（箱子高度 × 每个托盘的箱高层数 + 木制托盘高度 + 每个托盘上方用于货架系统的空间）×

托盘位高数量。

例如：

托盘宽度 = 3.33 英尺

托盘之间的空隙 = 0.50 英尺

托盘长度 = 4.00 英尺

箱子高度 = 2.00 英尺

每个托盘的箱高层数 = 3 层

木制托盘高度 = 0.50 英尺

每个托盘上方用于货架系统的空间 = 0.50 英尺

托盘位高数量 = 2

鉴于以上信息，产品托架所需的空间（立方英尺）为

（3.33 英尺 + 0.50 英尺）×4.00 英尺 ×（2 英尺 ×3 + 0.50 英尺 + 0.50 英尺）×2 = 215 立方英尺（四舍五入）。

如果把蜂窝结构考虑在内：

每个托架的空间需求 ÷［（1– 蜂窝占比）× 每个托架的箱子］。

在这种情况下，假设每个托架有 32 个箱子，19% 的蜂窝占比。

鉴于以上信息，当考虑蜂窝结构时，1 箱产品所需的空间为

215 立方英尺 ÷［（1–19%）×64] = 4.15 立方英尺（四舍五入）。

在一次预计最多 40,000 个箱子的情况下，所需的总存储空间为

40,000 箱 ×4.15 立方英尺 / 箱 = 166,000 立方英尺。

在给定时间内预期可容纳的最大托盘数：40,000 箱 /（32 箱 / 托盘）= 1,250 个托盘。

在给定时间内预期在仓库地板上的最大托盘数：

1,250 个托盘 ÷2 个托盘 = 625 个托盘。

每个托盘需要的面积（平方英尺）：

（托盘宽度 + 托盘之间的空隙）× 托盘长度 = （3.33 平方英尺 + 0.50 平方英尺）×4.00 英尺 = 15.32 平方英尺。

允许有蜂窝结构时，其需要的面积（平方英尺）：

蜂窝占比 × 一个托盘的占地面积

19％ ×15.32 平方英尺 = 2.91 平方英尺（四舍五入）

一个托盘的占地面积 + 蜂窝结构占地面积

15.32 平方英尺 + 2.91 平方英尺 = 18.23 平方英尺。

在给定时间内最大托盘数量所需的面积（平方英尺）：

625 个托盘 ×18.23 平方英尺 = 11,394 平方英尺（四舍五入）。

对于公共仓库来说，客户可以估计其空间利用率为 86％，但实际上只有 65％。在此示例中，空间利用率降低了 21％，这意味着仓库运营商将有面积近似为 2,400 平方英尺的区域可用于其他可以产生收入的工作。

人员利用率

时间和空间对于所有仓库的运营管理来说都很重要。仓储流程应细分为不同的活动，并且应同时评估各项活动的最短时间、最长时间和平均时间。处理时间受许多因素的影响，包括产品类型、所用设备、人员经验、流程活动或阶段，以及与产品和空间相关的其他因素。与创建用于评估仓库容量利用率的比率类似，管理人员还可以创建利用率度量标准，并与任务或流程标准期望值相比较，以此来评估工人的生产率。

首先，经理必须评估完成轮班预期工作所需的员工数量（另请参见

Napolitano 和 Staff of Gross & Associates，2003，第4页）。假设在轮班期间预计要卸货20辆拖车，则仓库经理必须确定员工在卸货过程中执行每个任务或活动所需的时间。进一步假设升降机操作员会从拖车中取出每个托盘，停下来让收货员对产品数量和状况进行检查，将入站托盘移动到仓库中指定的插槽位置，确认其在信息系统中的位置，然后回到拖车拿另一个托盘。该过程所需的时间估计可能类似于以下内容。

活动1——升降机操作员进入拖车并卸下托盘：12秒。

活动2——收货员检查产品数量和状态：20秒。

活动3——升降机操作员将托盘运输到仓库中的槽位置：60秒。

活动4——升降机操作员更新信息系统：3秒。

活动5——升降机操作员返回拖车继续卸载：40秒。

总的卸货时间和上架时间为135秒（2.25分钟）。假设这是管理层接受的时间标准，那么接收和上架20个带有52个托盘的入站拖车，总时间将为2340分钟（39个工时）。如果允许员工在一天中有30分钟的午餐休息时间和2个15分钟的休息时间，那么将需要6（由5.57四舍五入）名升降机操作员来轮班。

可以利用升降机操作员收货和上架的时间标准来计算收货员绩效指数（Receiving Operator Performance Index，ROPI）（另请参见 Napolitano 和 Staff of Gross & Associates，2003，第4—5页）。通过这种方式，可以计算出每个员工在轮班期间卸货和上架每个托盘产品的平均时间，并将其与每个托盘的标准可接受时间进行比较。结果低于1.00说明该员工的工作水平低于标准时间水平，大于1.00则表示该员工的工作水平优于标准时间水平。

在前面的示例中，单个托盘的标准上架时间为 2.25 分钟。假设一位升降机操作员在轮班期间放了 114 个托盘，ROPI 为 63%，则表明该员工的生产率比预期的标准水平低 37%：

员工卸下和上架的托盘数量 × 每个托盘的标准上架时间 ÷ 员工的工作时间

117 个托盘 × 2.25 分钟 ÷ 420 分钟 = 63%（四舍五入）。

绩效指标必须根据工作流程和活动进行调整。在接收和上架产品时，期望拣选、检查和装载等各个过程的时间标准相同是不合理的。同样，产品类型和 SKU 组合可能会影响处理活动和流程的预期时间。管理者必须绘制具体的流程图，并建立切合实际的时间标准，虽然这样员工可能会面临一定的挑战，但也不会因不切实际的要求而不堪重负，这可以通过收集公司员工在一段时间内的活动和流程的定时数据来实现。员工的历史数据也可以从使用的 WMS 中获取。

设备利用率

在海上货运码头操作中，使用重型升降机和其他机械设备来放置集装箱，将进口游艇从其存储托架转移到牵引拖车，并在中转棚内及其周围放置和移动普通货物和托盘货物。无论是外部还是内部货物存储，这种工作都可以看作仓储。仓库操作中使用的设备均应配备用于记录每台机器运行时间的仪表。管理人员将监视其设备的运行时间，确保以最有效的方式使用每件设备。

加利福尼亚州长滩的一家海运码头经常同时进行站内转运和货运。每次轮班的时候，司机们都争先恐后地使用最新的多功能牵引机。因此，当有新设备可用时，最旧的设备利用率会变为最低。在这种情况下，较新的设备会磨损得更快，而较旧的设备还没有按照租赁协议在规定的时间内出售或更换。监控和比较相同机器的设备利用率，可以帮助管理人员更好地分配设备，并使各个机器的利用率保持相对一致。

码头装卸工人通常是固定的工人，但司机通常不是。轮班前，每个司机都会从工会大厅收到自己的工作或公司分配的任务。根据实际机器操作时间除以可用操作时间的比率，可识别使用过度或未充分使用的牵引车（另请参阅 Ackerman，1997，第 93—94 页）。可以将每周、每月、每季度和每年的情况进行比较。例如，在一天的日常换班操作中，一辆牵引机在一周的 5 天工作时间内将有 35 小时的可用时间。假设司机有 1.5 小时的午餐时间，每次轮班有 2 个 15 分钟的休息时间。若一台牵引机一周工作 42 小时，有 20% 的时间将被过度使用（42 小时 /35 小时 × 100%）。但是，一周工作 32 小时的牵引机将比预期利用率（32 小时 / 35 小时 ×100%）大约低 9%。

"完美订单"的重要性

完美订单，堪称仓库和分销领域的"超级明星"。即使是最简单的订购流程，也需要员工根据活动的评估期望完美地完成每个活动。即便订单流程只有 5 个步骤，也意味着会有 5 次失败，如果失败发生在多个步骤，其对客户服务产生的负面影响就是加倍的。但是，填写订单的过程越复杂，订单承受的接触点就越多，要完成完美订单也就更加困难。

所以，制定整个订单流程图，并为流程和流程中的每个活动采用有意义的度量是至关重要的。如果员工在活动中受过良好训练，并且对自己在活动过程中的角色有透彻的了解，那么他们将更有能力满足预期成果的质量要求。

关键绩效指标

如前所述，衡量员工的生产力水平和设备的利用率很重要。而衡量仓库的效果需要对仓储的许多过程和操作方面进行评估。

客户关心的是他们收到的订单是否完整、准确、无损坏且准时。一位糖果客户拒绝让仓库运送不完整的订单。因此，当库存无法满足订单时，该订单会先被搁置，导致延迟发货。客户对仓库进行年度评估，需要根据库存可用性和按时运输的情况，对分销网络中的每个仓库进行排名。如果订单错过了发货日期，则记录事件和延误的原因。年底对库存缺货的类型进行统计，并在各个仓库之间进行比较。还可以使用更常见的缺货率来评估仓库，计算缺货率时可用未按时发货的订单数除以订单总数。

一家大型包装货物仓库的客户，根据满足订单要求的交货日期（Required Delivery Date，RDD）来评估其仓库。但是，当客户的订单按时发货，收货方向承运人提供的预约日期却超过了RDD时，就产生了混乱。

收货方告诉承运人，他们目前手上已经有足够多的该产品，并且有一个促销项目，主要是接收其他承运人的产品。承运人按照收货方安排的时间，准时交付了订单。然而，与此相反，收货方将每箱产品都记录为未交货，并向制造商报告年度未交货百分比。仓库、承运人、制造商和收货客户见过面，但无法解决问题，未能就评估准时性的标准达成一致。这家仓库位居第二，但是它永远不会获得制造商中排名第一的仓库的荣誉，这一荣誉可以带来可观的红利。

附件 8-2 包含用于评估仓库和 DC 绩效的常用指标及测量方法。如前所述，受活动和过程影响的内部和外部合作伙伴，必须参与设计用于评估绩效结果的措施，这一点很重要。制定措施后，各方应商定并以书面形式提出。

附件 8-2　常用绩效指标类型及测量方法

（1）绩效比率

准时收货率：准时接收的入库数量 ÷ 入库总数 ×100%。

订单执行率：已完成的订单数 ÷ 订单总数 ×100%。

准时发货率：准时发货的订单数 ÷ 已发货的订单总数 ×100%。

准时交付率：准时交付的订单数 ÷ 已交付的订单总数 ×100%。

订单周期时间：从收到订单到最终交付订单的平均时间 ×100%。

已完成的订单数：已完成的订单数 ÷ 订单总数 ×100%。

库存周转率：年销售单位的成本价值 ÷ 平均库存成本价值 ×100%。

（2）绩效异常总数（这些也可以转换为平均发生次数）

① 缺货订单

② 拖欠订单

③ 交货收据调整

④ 索偿

⑤ 损坏的箱子或订单

⑥ 超量

⑦ 短缺

⑧ 错过的运输日期

⑨ 未交货的产品

⑩ 产品替代品

⑪ 退货

（3）成本和使用措施

仓储成本占销售额的百分比：每个订单的平均仓储成本 ÷ 以销售额为单位的平均订单。

每个订单的仓储成本：总仓储成本 ÷ 管理的订单总数。

空间利用率：存储中的托盘总数 ÷ 可存储的托盘位置总数 ×100%。

设备利用率：已使用的实际机器运行时间 ÷ 可用的总运行时间 ×100%。

（4）其他绩效指标

① 及时解决索赔

② 账单数额准确

③ 及时记账

（5）人员措施（这些也可以转化为平均发生次数）

雇员：

活动或流程绩效指标：员工服务的单位 × 每单位的标准时间 ÷ 员工的工作时间。

① 错误数

② 缺勤天数

③ 迟到天数

主管：

① 无事故的工作天数

② 员工离职率

③ 员工投诉数量

④ 员工加班天数

小结

设备的布局和产品流会影响仓库的空间利用率。可以通过计算空间利用率，来提供用于评估利用效率的指标。仓库库存和管理系统等工具可以帮助优化仓库运营中的空间利用率。如果要最大限度地提高仓库操作人员的工作效率，就需要对流程有透彻的了解，并可以在使用指标的过程中受益。设备有效性和效率是优化仓库运营必须解决的第三个重要因素。绘制完整的订单流程图并测量关键绩效参数对于优化仓库运营而言至关重要。

推荐阅读

［1］ Ackerman K. B. Practical Handbook of Warehousing[M]. 4th ed. New York: Champan and Hall. 1997.

［2］ Napolitano, Maida and the Staff of Gross & Associates. The Time, Space & Cost Guide to Better Warehouse Design[M]. 2nd ed. New York: Distribution Group. 2003.

［3］ Tompkins J. A. and Smith J. D. The Warehouse Management Handbook[M]. Raleigh, NC: Tompkins Press. 1998.

09

工业产品包装的作用

　　包装对产品起着关键的保护作用，确保产品在预期的工作条件下能够到达客户手中。产品包装的保护功能可保护产品免受环境影响，并保护环境不受产品污染。但是，这不是产品包装的唯一作用。正如本章所讨论的，包装起着多重作用，包括促进存储、方便产品运输，以及支持市场营销和销售。

产品包装和处理

在绘制适合仓储的产品处理过程时，一位经理解释了为什么要将开口设计在产品侧面而不是顶部。他解释说，输送系统装有吸盘或真空吸盘设备，可以堆放大量托盘产品。但是，当将吸力固定在最初设计的箱顶开口时，箱子的顶部可能会被拉开，而里面的产品会洒在传送带上。为了清理会将生产线先关闭，清理以后再继续生产，但相同事件仍然会发生。经理带领团队将箱子开口设计到了侧面，解决了这一问题。

这个例子说明了工业包装对仓库和 DC 能够安全有效地处理产品的重要性。时间和空间可决定能否为客户提供高性价比的服务，而包装的好坏同样会影响这一点。

包装通过以下几种关键方式来影响产品处理。

（1）通过产品统一包装提高效率。

（2）标准化产品形式，以便使用手动和机械方式有效移动产品。

（3）在运输和存放过程中固定产品。

（4）有助于减少支撑和其他垫料等材料。

（5）保护产品、人员和设备在移动过程中不受损坏。

（6）在包装上说明内部主要产品的内容。

统一化

最基本的单独计量单位是一组或一个。包装通过将多个单位产品组合到一个纸箱、盒子或铁桶内，来进行有效的处理。然后，将纸箱内的单个产品组合在一起，仓库管理员再将单个纸箱组合在一起，例如放到托盘上，从而创造更高的运输经济效益。单个管件的捆扎和绑扎还可以安全有效地处理和存储产品。

标准化

标准化对于建立有效的常规流程而言至关重要，对产品的包装处理而言也同样重要。SKU 可能具有不同的物理特性，但是当所有 SKU 都装在方形纸箱中时，管理和存储就变得更容易了。包含各种产品的混合托盘，可以通过将箱子堆叠到托盘上，来实现一定程度上的标准化。方形包装可更有效地利用仓库、托盘和拖车内的插槽空间。用纸盒包装处理各种 SKU 是一种很常规的操作。

托盘也是一种包装形式，可以在移动和存储期间对产品进行标准化操作。可以将散装产品（例如谷物或塑料颗粒）倒入袋中，然后将其放在托盘上，以便可以使用标准叉车和其他常用机械来进行移动和存储。

稳定化

在产品移动的过程中，无论是通过多功能牵引、托盘托运车，还是手动操作，稳定性都很重要。包装包裹着产品，使纸箱中的各个物品间或套件中各个零件间的移动距离最小化。产品的移动可能会损坏产品，而重量倒向一侧会导致产品翻倒。不稳定的包装在仓库中很危险。某位经理在参观密西西比州一家为软饮料制造商提供罐头的仓库时，他告诉我一个星期前发生的一起事故。他说，仓库中堆满了准备加工的空罐，当一个罐头盒在托盘上移动时，就会产生多米诺骨牌效应。不久之后，仓库里就满是散落在地板上的成千上万个罐头盒和托盘。

正确的包装可以帮助将产品重量分配到比单个产品更大的占地面积上，有助于稳定产品。图 9-1 展示了一种工业尺寸的饮用水瓶，它们被放在钢制架子上，架子用来支撑产品的重量和形状。尽管分布得很好，但是可能因为产品太重，以至于无法实现较高的堆叠。那些包装很少隆起或不太坚固的产品尤其如此。例如，尽管金属罐装的汤羹可以在堆放过程中具有一定的稳定性，但将几个塑料水瓶托盘堆叠起来，也可能会导致托盘上下部的瓶子被压碎。

图 9-1　货架系统，用于固定工业尺寸的水瓶

10 多年前，婴儿食品品牌的制造商和销售商开始把玻璃罐改为塑料

罐，以减少供应链中的包装和运输成本。从供应商处购买空罐子并进行存储，在生产需要之前一直存放在仓库中。若使用塑料罐，制造商可以自行在内部生产罐子，从而显著减少了入库运输成本和材料存储成本。由于玻璃的重量已被塑料的重量代替，因此成品的重量大大减轻，从而减少了成品的分销成本。这意味着可以在不增加拖车重量的情况下运输更多的产品。将相同数量的产品运送给客户所需的拖车和集装箱的数量减少了。此示例说明了仓库管理员必须与负责市场、制造和采购的人员一起解决与包装、设计、变更成本和服务相关的问题的必要性。

对于仓储而言，还必须意识到物理环境因素对包装完整性的影响。瓦楞纸板包装会吸收水分，随着湿度的增加，包装会受潮变形，导致结构不稳定。高湿度设施中，如果不使用钢制货架系统，就无法将产品堆叠到仓库的最大高度。可以通过计算成本来评估与购买货架相比，使用更坚固的包装的效果（另请参阅 Ackerman，1997，第 54—57 页）。

高效使用包装材料

正确的包装可以帮助减少所需要的整体包装，从而保证稳定性并保护装载物。使用自动码垛机（如图 9-2 所示），也可以高效地将产品箱堆叠和捆扎在一起。衬纸是厚纸板，可以被切成托盘大小。放置在纸箱中的干谷类食品可以通过衬纸和拉伸包装，形成托盘大小的单元。通过使用升降机设备的紧固装置（称为推拉式），而不必使用可能会压碎谷物纸箱的沉重托盘，就可以堆叠产品。衬纸比木质或可重复使用的托盘更便宜，在运输时占用的仓库和运输设备的空间也更少。

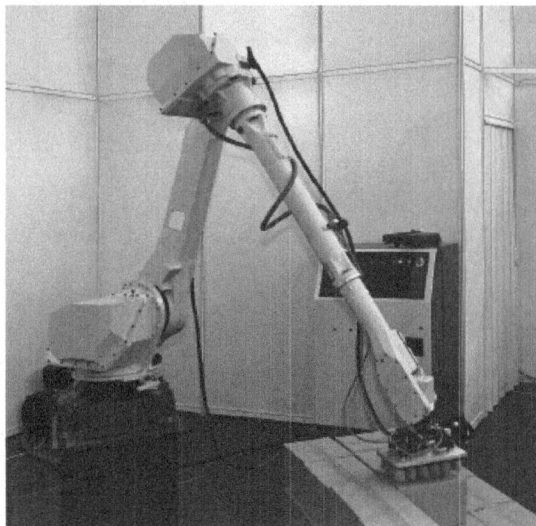

图 9-2　自动码垛机

　　与托盘和衬纸一样，拉伸包装是一种常见的包装材料，用于增加产品的稳定性和安全性，并为仓库、承运人和客户提供性价比更高的服务。拉伸包装是一种透明的塑料型包装材料，可跨纸箱拉紧以贴合并覆盖产品。包裹物的拉伸主要应用于包装过程中，固定纸盒中的各个单元以避免彼此碰撞。用托盘或衬纸包装以后，产品可能不需要其他支撑物或垫料，就可以在运输过程中保持稳定。当然，国际转运的货物可能需要采取其他措施来确保安全。通常，在产品单元之间放置充有空气的专用袋，可以减少运输途中可能引起货物移动的多余空间。尽可能地使用垫料式安全气囊可有助于减轻重量，并手动增加更多的脊垫式垫料，例如需要木工固定的木制支撑。

　　一家卡车软顶篷制造商的新工厂经理意识到，通过与生产工程负责人员和客户合作，重新设计用于支撑顶篷的套件的主要结构部分，仓储运营可以减少包装材料、包装箱所需的劳动力以及装运箱的成本。在主要金属拱形结构的中心，有一个简单的铰链，可使每个零件折叠起来，从而将对板条材料和立方容器的需求减少约 33%。图 9-3 说明了设备的新设计和包装。这意味着仓库可以增加 33% 的空间来存储该产品，并且可以将以前花一整天建造板条箱的 4 名工人转移到更高效的岗位上。

通过更轻、更小的包装降低物流成本

模块化(A)
带货盖的新
套件重量
=380磅（1磅=0.454千克）
包装重量
减少1/2
包装体
积减少

现在(B)
带货盖的现
有套件重量
=760磅.

现有包
装体积
8.5件×5.5件

图 9-3　设备的新设计和包装

仓库空间、装卸、包装和人工成本大幅减少。此外，制造商负责支付运输运费。现在，承运人可以将每辆平板拖车的货运量增加近 1/3，因为材料效率会影响成本效率。

保护

前面有关包装的统一化、标准化、稳定化和效率的讨论，涉及了产品在仓储和分销过程中的安全和保护问题。当然，仓库管理员的主要职责之一是保护委托其保管的产品。同样重要的是，需要保护仓库的员工、进入工厂的运输商，以及任何可能在存储或移动的产品附近的其他访客。

包装可以为以上这些提供保护。您需要防止产品由于以下因素而损坏。

（1）纸箱内的接触摩擦。

（2）与其他产品或纸箱外部的障碍物接触。

（3）振动和掉落。

（4）污染。

（5）盗窃。

（6）疏忽。

产品容器内的分隔物可提供保护，使纸箱中的单个物品在搬运过程中不会相互摩擦或撞在一起。如果集装箱内的零件缺少相互之间的保护性包装，那么产品标签和包含实际产品的销售包装就可能会损坏。当产品碰到其他产品或障碍物（例如机架或升降机设备）时，也会存在类似的问题。如果没有保护性包装来保护产品，则可能给其造成损坏。

密歇根州立大学拥有一台用于摇动或振动产品的机器，用来研究特定移动下产品完整性的阈值。在许多研究用途中，这台大型机器可用于研究家用冰箱中压缩机支架的振动频率，当我们将家里冰箱的压缩机关闭时，支架会发出我们都很熟悉的隆隆声。振动机还可以用来测试特定包装在预期的处理和运输条件下保护集装箱或包装内产品的能力。研究人员可以利用类似的机器记录一系列不同高度的跌落结果，以此来测试产品包装的保护强度、缓冲性和产品的耐用性。不同的高度可以用来模拟现实中在计划内的或偶然的产品掉落、抛掷、推动或停止等情况。

包装还可以减少一种产品污染另一种产品的可能性。将产品隔离在纸箱、袋子或桶中可以帮助仓库管理员保持每个SKU的标识，并防止不同SKU混合在一起。管理人员还必须意识到，一种产品的气味可能会渗透到另一种产品中。也许该容器可以防止气味渗透，但是盒装洗衣粉的典型包装并不适合用于包装甜味的巧克力。如果洗衣粉和巧克力在仓库或拖车中位于相同位置，最终洗衣粉会吸收一部分的巧克力气味。

我们大多数人可能不喜欢在工作场所想到盗窃这种事情，但这是仓储经理要注意的一个重要问题。首先，包装可以起到隐藏产品标识的作用。有价值和有吸引力的产品更容易被盗窃。隐藏2英寸×2英寸规格的数字音乐设备产品标识，可能有助于防止有人将其藏在口袋中走出仓库门。但是，不只是价格昂贵的物品才可能会被盗。某个仓库就出现了这样的问题，员工从纸箱中取出可食用的产品，然后在休息或午餐时间食用，于是仓库中安装了内部摄像头，并对有盗窃行为的员工制定了没有任何例外的惩戒政策。仓库员工在第一次被发现后就会被解雇。在另一家由大型折扣零售商经营的分销中心中，防止盗窃已成为"工作场所文化"的一部分，所以新管理层在每个工人离开仓库前，都会使用金属探测器进行搜索。

一种理论是，使用的包装越多，对产品的保护就越好。但是，一家高端办公家具制造商和分销商发现，当使用拉伸包装将产品固定到托盘上时，员工可以看到产品，这使他们在搬运家具时加倍小心。

管理人员必须监控整个工厂内以及个人控制范围内的产品移动，以确保产品和员工的安全。员工们经常需要独自或与同事一起搬运产品。如果在需要两个人抬的产品包装上设计了手动开口，则可以帮助员工更方便地搬运。如果将产品固定在容器中，则员工直接接触产品的机会就会减少。接触了空气，或碰撞到了尖锐的棱角都可能给产品造成损坏。此外，应设计合理的包装结构，以免产品跌落到员工身上。

识别与交流

RFID 标签不需瞄准线即可定位产品，这可以防止扫描仪无法读取被撕破或弄脏的条形码的情况。此外，它可以防止员工在接收或拣选产品时误读产品代码。

在理想情况下，RFID 标签会贴在所有纸箱和容器上，但是如果无法在箱子上识别产品代码，也不会有任何影响。尽管当今越来越多的 DC 使用 RFID 标签，但实际上，该行业仍然依赖于技术的组合，包括条形码、RFID 标签以及产品代码的视觉识别和验证。因此，仓库管理员必须采用一种便于操作的产品识别系统，以便分配给仓库内处理和验证产品位置以及进出仓库的员工使用。

包装标识可能由市场部门决定，而仓储必须在给定的产品编码分类内进行。在任何情况下，都应该保证员工可以在纸箱的所有表面上轻松查看和区分产品代码。最重要的是，所有危险识别标志都应被高度照亮，并且员工应接受有关识别和处理此类材料和产品的培训。

易于查看和识别的产品代码，可确保拣选和保持库存完整性的高准确度。由于容易区分产品代码，因此可以更准确地减少与未及时交货的产品相关的成本、索赔和客户的不满。识别有害物质可确保员工的安全，以及需要与有害物质和产品接触的人员的安全，并且法规要求对危险材料要进行特定的标识。

小结

本章讨论了工业包装对仓库和 DC 安全有效地处理产品的重要性。

包装具有以下几个作用。

（1）有助于减少为了稳定和保护产品所需的整体包装。

（2）影响产品处理并保护产品不受损坏。

（3）影响运输成本。

（4）隐藏产品标识从而减少盗窃，或防止产品意外暴露给竞争对手。

（5）保护员工的安全。

（6）便于产品识别，并有助于确保订单的准确性。

（7）有助于达成营销和销售目标。

推荐阅读

［1］ Ackerman K. B. Practical Handbook of Warehousing[M]. 4th ed. New York: Chapman and Hall. 1997.

［2］ Marianne Jahre and Carl Johan Hatteland. Packages and physical distribution: Implications for integration and standardization[J]. International Journal of Physical Distribution & Logistics Management, 2004, 34（2）: 123-139.

［3］ Twede D., Clarke R. H., and Tait J. A.. Packaging postponement: a global packaging strategy[J]. Packaging Technology Science, 2000, 13（3）: 105-115.

［4］ Murphy P. R. and Wood D. J.. Contemporary Logistics[M]. 10th ed. Upper Saddle River, NJ: Prentice Hall/Pearson. 2011: Chapter 11.

10

仓储与运输的衔接

在整个供应链中，良好的沟通对改善效果、提高效率和降低成本的贡献是不可低估的。仓库经理和操作员是沟通和衔接的关键中心点。这些人成了司机、承运人以及客户之间的主要衔接。这些衔接不仅直接影响运营效率，还直接影响供应链中各个实体所产生和承担的成本。仓库与承运人、司机之间的衔接非常重要，所以仓库通常要负责为客户雇用和管理承运人。这一职责还要求仓库运输经理必须非常熟悉客户的交付和订单动态。无论运输管理的责任是什么，承运人的正确选择、顺利的合同谈判以及在整个过程中保持良好的工作关系都是成功的关键。技术可以为这方面提供帮助，不仅能为司机和仓库员工提供帮助，还可以确保有效管理所有合同要求。

作为客户供应链的一部分，仓库必须与其他供应链实体协调运作。承运人和仓库之间应经常进行密切的沟通和互动。

承运人与仓库的互动

很多时候，仓库主要负责与承运人交互时的装载、卸载和文档交换。承运人的选择由客户负责，而仓库的主要目标是与承运人合作，以便达到以下几点要求。

（1）设置并满足约定的交货和提货时间。

（2）安全有效地进入设施，在设施中暂存并离开设施。

（3）交换适当的文档。

（4）检查货运。

（5）安全高效地装载和卸载拖车。

（6）将司机停留时间最小化。

为司机安排订单、货物运送以及接送服务，要尽量减少司机和设备在设施中的停留时间。一些司机说，他们坐了几个小时，直到轮班结束时才告诉他们必须过夜，第二天才能开始服务。目光短浅且完全以职能为导向的仓库管理者，可能会以牺牲承运人和客户的利益为代价来保护仓库运作的成本。仓库管理员需要在仓储决策和承运人决策间权衡成本。通过与承运人和客户沟通可以得知，仓库管理员因服务司机的货物而产生的加班费用，可能比让司机和设备过夜而产生的成本更低。此外，货物延迟可能意味着客户必须依靠增加安全库存来防止缺货。最坏的情况，也是成本最高的情况，是由于货运延误而导致了生产延误，或者零售商和批发商完全失去了客户的业务。

先进的仓库运营采用的是从设施的入口开始的接收流程。司机到达后，安保人员会给司机分配一个接收门。通过利用条形码和 RFID 标签技术，仓库和终端信息系统能够立即记录承运人、特定货物和承运人设备内订单的到达情况，并将到达情况通知接收人员。可以根据许多因素来分配接收门，包括有哪些门未被占用、货物被卸载后的上架位置、出站订单和交付区域的一部分货物是否需要交叉转运。同样，仓库运营商必须与承运人配合，从而实现仓库、承运人和整个供应链的整体流程和成本目标。

进入设施后，司机必须与收货人员相互配合，核实文件并检查货运。如果文件、提货单和舱单与所交付的实物货运不符，则收货人员不能签署司机的交付收据并要进行进一步处理。供应链中，以客户为导向的仓库经理、司机、承运人要与仓库的客户密切合作，以防止可能会出现的错误问题。这样做有助于降低成本，例如以下几个方面的成本。

（1）承运人成本包括司机和设备的延误、退货和重新交付的成本。

（2）仓库成本包括与首次交付尝试和重新安排预约相关的入库和收货人员的沉没成本。

（3）客户成本包括退回货物并确定处置方式而产生的退回物流成本，还包括由承运人和仓库重新发货给客户的成本，以及与产品延迟发货相关的成本。

留给司机的要解决的问题是，供应链总成本上升，而服务效率下降。

装卸过程通常需要仓库人员。图 10-1 展示了仓库码头叉车操作员卸载软边拖车的过程。地面货物是通过使用牵引到拖车的传送带手动装卸的，而托盘或组合型货物则需要叉车操作员进行操作。同样，非生产性运输时间包括货运和运输设备不运动时的停机时间。仓库管理员会影响司机达到最高生产力的驾驶时间。

图 10-1 司机与仓库人员的配合会影响成本、安全和进度

司机负责运输设备内的重量分配，并遵守特定设备的最大法定重量限制。装载机必须经过良好的训练，以确保运输过程中货物的稳定性，包括司机和货物。很多时候，拖车是在没有司机监督的情况下装载的。装载后会通知承运人，并规定好提货时间。如果电子秤指示单个轴上承受的重量过多，则可能会要求司机重新分配负载。司机从不希望听到由于重量过多，必须要移走一些货物才合规这样的话。

管理承运人体系

一些仓库会为客户租用和管理承运人体系。整个运输部门可由仓库管理员雇用。前面讨论的仓库和承运人之间的协作也适用于负责运输管理的仓库。但是，在为客户雇用和管理承运人时，仓库管理员还要承担更多责任。以下列举一些新增的关键职责。

（1）承运人的选择和合同谈判。

（2）与客户谈判运费。

（3）文档创建。

（4）确保承运人的保险和责任。

（5）审核货运单并付款。

（6）索赔管理。

聘请承运人的任务应交由有丰富经验的管理人员负责，包括评估运输成本和服务、起草合同以及与承运人谈判。在签订雇用承运人的合同之前，仓库雇用的运输经理或交通经理必须充分评估客户的交货和订购动态。

例如，在装运包含某品种SKU托盘的整车货运中，装卸需要使用叉车，而如果仓库管理员知道整个托盘中的捆绑带高，计数时则相对容易。捆绑带是指托盘中一层产品的结构，当其他任意一层转动时，这种结构可以辅助将托盘上的纸箱锁在一起。业内人士很容易识别常见的捆绑带和每种捆绑带连接的具体产品数量，再乘以托盘上的产品层数，就可以确定托盘上的总产品数量，这使得检查产品计数更加容易。此外，自仓库发出的TL订单将运往客户手中，不需要像LTL订单那样中间需要交叉转运。这样的TL订单只需要很少的处理，而且承运人能够充分利用运输设备的能力，并最大限度地提高司机运输的效率。因此，选定的承运人将是整车货运的承运人，其货运价格低于运输LTL订单的单位运费。

管理人员必须评估货运类型，以确定适当的运输方式，包括汽车运输、航运、水运、铁路运输甚至管道运输。多式联运是一种采用多种运输方式的策略。通过采用多式联运策略，承运人可以获得比竞争对手更低的成本。这种情况下，可以通过承运人的货运部门在仓库取货，通过承运人的铁路服务进行长途运输，最后通过汽车运输将货物交付给客户。众所周知，UPS（United Parcel Servic）快递利用铁路联运服务，通过平板车将其 UPS 拖车从一个区域运送至另一个区域。平板车式集装箱拖车（Trailer on Flat Car, TOFC）是一种多式联运方式，它利用机动车辆的灵活性和铁路的燃油效率来降低运输成本，并为客户提供稳定的服务。

定价与谈判

随着 20 世纪 70 年代和 80 年代关于各种运输方式的管理价格和提供服务的规定的减少，交通管理人员有了很多选择，可以协商最有利的运输价格。基于非资产的货运代理通常是可行的选择，通过仓库代表与承运人进行谈判，从而为货运提供最佳费率。例如美国罗宾逊全球物流有限公司（C.H. Robinson, CHR）是促进托运人和承运人之间交易的领导者。CHR 可以帮助钢铁运输商从莫比尔找到货物，同时帮助进口商获得最佳的运输费率，将一堆钢材从莫比尔港口运到当地钢厂。除了单次装运谈判，CHR 还提供了更多的服务。它与庞大的客户群和承运人群保持联系，并且可以与每个人一起创建全公司范围内的供应链物流解决方案。

仓库的货运主管通过 RFI 收集有关潜在承运人和提供的服务的信息。在进入承运人选择的下一阶段之前，必须要明确运营许可证、担保保险、设备和容量、服务的线路。从候选人池中进行选择时，货运主管会发起一个 RFP，向候选承运人提供关于运输产品、数量、价值、频率等更详细的服务说明和对服务的预期。然后，承运人在申请中会提供更多关于其货运服务策略的说明，并提供详细的文档、参考资料和服务质量文档。同时，候选人池也被缩减为最终的一组候选人，然后要求这些候选人通过 RFQ 提供最终的货运管理报价。

筛选过程的初始阶段包括所有潜在承运人参加集体会议，有效地分配有关仓库运输需求的信息。可能会要求承运人参观仓库，从仓库的各个管理人员处获得第一手信息，并查看要运输的产品。确定最终候选人后，货运经理可以与承运人进行一对一会谈，最终通过谈判来确定服务和价格。

尽管不同的托运人或仓库管理的货运招标过程可能不同，但托运人和承运人必须了解产品、服务和市场动态，这样双方才能更好地履行达成的协议。对于那些使用及时补货策略的托运人来说，多式联运承运人策略可能无法提供其所需的时效运输。有一种高效率且低成本的承运人策略——可以使用多式联运铁路服务保证 3 天的运输时间，但这必须针对那些可以接受交付时间为 3 天的客户来细分市场。

对于货运经理来说，了解影响运营商费率报价的因素至关重要。产品特征（例如重量、体积、价值、受损坏或被盗的可能性、从起点到目的地的距离等）在决定货运成本方面起着至关重要的作用，而且必须包含在运费内。市场因素也会影响承运人的报价，包括承运人在特定线路内已经拥有的货运量水平、某些地区的燃油价格、回程或退回货物的情况，以及承运人之间和各航线运输方式之间的竞争水平。货运经理越能从承运人的角度了解运输价格，就越能为自己的仓库和客户获得较优惠的价格和较好的服务。

在美国，1980 年通过的《汽车运输法》（*Motor Carrier Act of 1980*）赋予了运输商定价的自由，从而使得汽车运输公司的定价变得更加自由。承运人现在可以根据托运人的货运吨数来协商批量货运的折扣价。这可以在承运人和托运人之间建立从始发地到目的地或点对点的 TL 费率。

LTL 承运人和托运人发现，美国的国家汽车货运分类（National Motor Freight Classification，NMFC）系统有效地建立了对货运说明和货运要求的共识，从而有助于管理货运。产品分组取决于产品的密度、搬运产品的难易程度、是否可以有效且便捷地将产品存储在拖车内，以及货运的价值。承运人和托运人可以就所运输产品的运费分类达成一致，而不必就现有的每一种产品来协商运费。在 4 个主要因素中，具有相似特征的产品在运输时可以认为是同一类。产品描述可以分为 50 ～ 500 个类别，可以放在 NMFC 的一个类别中来评估货运费率。货运分类等级越高，相关的货运费率越高。

尽管货运分类有助于理解产品特性，但收费中包含了根据已确定的货运分类而产生的实际运费，并且会根据始发地到目的地的货运路线以及货运重量的不同而有所不同。托运人可以通过限制承运人的责任来协商货运费率。通过降低货物的申报价值，对方可以协商出一个较低的费率。如果货物丢失或损坏，托运人可以限制承运人的财务风险，但只能向承运人索赔较低的申报价值。申报价值越高，货运分类的运费越高。质量与体积之比（密度）差异较大的货运可能要求的运费更高。例如，包装的充气足球在利用运输设备的能力方面是低效的。对于承运人和托运人来说，将未充气的足球装在箱子里，通过托盘进行运输的效率更高；并且与充气足球相比，这种方式的运费肯定会更低。一位托运人将椅子套在一起，以减小单个箱子中椅子所占的空间。由于椅子可以嵌套，因此占用的空间减少了一半，新的单个盒子（包含两把椅子）的密度将会被划分为运费较低的一类。

这里讨论的重点是，鼓励仓库中的货运管理人员了解承运人是用来确定运费的产品和市场特征。这样做有助于双方就管理客户的运输需求达成一致。如果不这样做，将导致货运管理人员在与承运人协商费率时处于严重的劣势地位。

影响运输定价的其他因素，还包括某一商品在两点之间的定期保量运输：商品价格。在限制申报价值的同时，减少司机的装卸责任，这样做可以大大降低运输费率。在消耗品包装的配送中，不分货种运价（Freight All Kinds，FAK）一词被用来对具有运输相似性的不同货运类型进行划分。虽然它们可以被划分为稍微高一些或低一些的运费等级，但并不保证每件货物的运输量可以单独分类。可以将产品组放置在 FAK 中，例如等级 55。

附加费、滞期费、滞留费以及补助费都可能会提高最终要支付的总运费。尽管在大多数情况下，托运人可能希望限制此类额外费用。但是，托运人通常的做法是将化学轨道车用作临时的滚动仓库。滞期费的成本比扩建永久性化学品存储设施所需的投资要少得多。

提货单

仓库中的运输部门也可能负责起草和打印提货单（Bill of Lading，BOL）和出库单。另外，他们还必须提供入库货物的交货收据或签名。

图 10-2 是 BOL 的示例。BOL 管理从起点到目的地的运输和交付过程。法律文件包含与托运人（发货人）、收货人和承运人有关的重要装运信息。BOL 上有货物的种类和描述。重量、体积、件数、账单信息、特殊说明、申报价值、货到付款（Cash on Delivery, COD）费用和联系电话均包含在 BOL 中。托运人和承运人在 BOL 上签字，以表明在适当条件下接收了货物并获得了货物的所属权。BOL 是一种凭证交付收据、所有权凭证和货物中转票据，用于发起货运、付款和索赔。

承运人	X公司	
发货人： 地址： 城市： 邮编： 电话：	取货日期和时间	账单费用
收货人 地址： 城市： 邮编： 电话：	交货日期和时间	账单费用
特殊要求		

包裹数量	包裹编号	*HM	描述	NMCF 项目	种类	重量
邮政汇票号码				总重量> 浮动范围		××

危险品联系电话

货到付款	数量 美元	推迟到： 注：当运价取决于价值时，托运人必须以书面形式指定商定的或声明的财产价值；约定或者声明的财产价值，托运人在此明确声明不得超过这一价值。

在指定的日期，承运人从发货人那里收到特定的货物（货物要完整且状态良好），除了上述注明的（包裹中的货物是未知的）、标记的、委托的和制定的货物外，承运人还可以同意携带与收货人相同目的地的货物，或在其路线上将货物转交给另一个承运人送达目的地。双方同意，在到达目的地的路线、任何时间段内，每个承运人负责运送的所有或部分货物的过程都要符合相关法律的规定。
我在此声明，这批货物的内容完全准确，并以正确的货物名称进行描述、分类、包装、标记和贴标签，在所有方面都符合国际和国家政府的铁路运输和水路运输的法规。

发货人	承运人

图 10-2 提货单示例

运费支付和理赔管理

管理数百个日常订单和货运的费用支付可能是一项烦琐的工作。WMS 有助于使这项工作更易于管理，因为某些管理系统可以将运费账单与商定的费用进行比较。这可能需要将货运单信息与原始订单、提货单和交货收据上的关键信息和批注相关联。如果物品被替换、丢失或发生超额运送，那么任务可能会更加困难。此外，加上附加费、滞留费和任何其他额外的费用，审核过程可能会很烦琐。

货运支付服务已经存在了数十年，并提供经验丰富的货运账单审核和付款服务。例如，卡斯资讯系统有限公司（Cass Information Systems, Inc.）为仓库管理员、托运人和承运人提供货运单审计、付款、理赔管理以及额外的一系列物流和运输服务。雷斯托奥里欣五金公司（Restoration Hardware）、百事可乐（Pepsi）、都乐（Dole）和奇基塔（Chiquita）都在使用卡斯公司的服务。第三方运费支付和其他信息服务满足了行业需求，因为仓库管理员、制造商和营销商虽然在管理货运、生产以及销售产品和服务方面具有专业知识，但不一定是管理运费审计和支付方面的专家。

随着国内外消费和工业需求的增长，运输服务的需求以及运输和路线选择的复杂性和创造力呈指数型增长。现金周期改善了，因为可以在最佳时间支付运费账单，不会因太早支付而产生机会成本，也不会因太晚支付而错失付款折扣或产生滞纳金。仓库的货运经理可以决定货运单审核和付款是内部负责还是外包出去。正确的决策应该能够更好地管理现金，从而提高仓库整体的运营效率。

传统的仓储和运输间的成本权衡（本部分基于 Murphy 和 Wood，2011 年，第 133—146 页）

许多仓库管理员并不负责管理客户或公司的库存策略和流程，这些策略和流程涉及现有库存数量、何时订购或订购多少库存。其他因素在影响与入库和出库订单有关的决策中扮演更直接的角色。无论哪种情况，仓库管理人员都可以得到更有价值的信息，并做出影响内部和外部库存水平的更好决策。本节将讨论库存的作用，因为它与仓库和承运人之间的配合有关。

只考虑订购成本和库存成本时，经典的经济订货量（Economic Order Quantity, EOQ）模型建立了与最低总成本相关的供应商订购量。EOQ 是周期库存，即满足已知需求的每个周期的订购量。只要有轨电车、汽车、空运或驳船能够按时到达，EOQ 将是每个订购期间所需的库存。

如果要让 EOQ 成为评估库存需求时的参考，则需要进行一些重要的假设。如果客户需求变化，运输或生产交付期波动，或者供应商和运营商提供大量折扣时，则需要进行调整。承运人是否能准时提货和交付是非常重要的服务质量因素，因此仓库运营商和承运人必须了解可靠性对存货水平的影响。

例如，假设在考虑每次定购成本和与 EOQ 相关的库存账面成本时，以 200 个单位的 EOQ 进行订购可以使总成本最低。进一步假设安全库存水平为 75 个单位，以防止因承运人未能在规定交货日期到达而出现的缺货问题。使用固定的订购数量进行计算，假设平均日销售量为 25 个单位，平均订购周期从下订单之日起需要 3 天才能收到订单，那么再订货点将是目前的库存水平降低到 150 个单位之时。

再订货点：150 个单位 = 每日销售 25 个单位 × 运输时间 3 天 +75 个单位的安全库存。

当现有库存水平降到 150 个单位时，将下达 EOQ（200 个单位）的订单。这一结果是预计卡车将在 3 天之内到达而得到的。如果一切按计划进行，卡车将在销售完最后一批周期库存时到达。但是，如果承运人迟到，则仓库管理员必须动用安全库存，以满足卡车迟到期间的销售需求。当承运人的可靠性很差且持续下降时，就需要更高水平的安全库存。

货运经理和仓库经理必须一起解决承运人的问题。延迟交付或错过约定时间可能是由于承运人先停在了其他地点进行交付。承运人过去可能很难在仓库及时卸货，所以承运人开始将仓库作为交货周期的最后一站。此外，其他所有站点的卸货时间会影响交货时间；所以有时最后一批货不能按时送达。但是，也许是因为承运人缺乏足够的能力，所以无法按时完成工作。无论哪种情况，货运经理、仓库经理和承运人必须齐心协力找出承运人延误的根本原因。否则，将需要更高水平的安全库存以防止缺货。因此，库存成本将增加，而销售量却不会增加。库存周转将受到影响，资产回报率也将受到影响。

仓库和承运人的各种角色

显然，要提高竞争力并为客户和公司增加价值，仓库和承运人必须共同努力以取得成功并减少冲突。纵观历史，托运人（在本例中为仓库）一直要求最低的运输价格，而承运人一直要求提高价格。承运人的运营成本正在上升，如果运营收入受到抑制，即使是最强大的运营商，其营运比率也会受到影响。

营运比率是衡量运营商管理成本和收入以提高运营效率的一种度量标准。计算方式为：营运支出／营运收入 ×100%。例如，奈特运输公司（Knight Transportation）的股东报告显示，该公司 2012 年的营运比率为 88.4%。因此，货运服务产生的每一美元收入中（不包括非运输收入），奈特运输公司会保留 11.6 美分用来支付利息和股东回报。在 20 世纪 90 年代中期平均营运比率降低的行业中，奈特运输公司被证明是一家高效的汽车运输公司。

负责任的决策

在奈特运输公司，我们知道我们的决定会影响到我们生活的世界。我们承诺提供更多的服务，包括在消除浪费、提高效率并减少碳排放量等方面的重大技术投资。奈特运输公司承诺提供可持续解决方案。这些努力包括以下几个方面。

（1）省油牵引机。

（2）节省燃油的措施。

（3）减少牵引机的排放。

（4）节能太阳能场。

（5）替代燃料研发。

（6）空气动力拖车技术。

当你选择与奈特运输公司开展业务时，你可以确信自己的资金会投放到可持续技术的使用上。效率即可持续发展。

关键是，注重可持续性的高效承运公司将会是良好的合作伙伴。营运比率较高的承运人需要提高运费，或与托运人合作，以找到有助于提高效率和减少营运支出的解决方案。由于运输与仓库业务之间存在一定的联系，因此两个实体必须共同努力以实现未来的可持续发展。

托运人的装载和清点

仓库帮助运输公司减少营运费用的一种方法，是帮助他们减少在仓库提货和交付上花费的时间。与承运人具有伙伴关系的托运人可能会发现，在没有重大风险的情况下，允许仓库装载拖车而不要求承运人计算运费是有益的。然后，托运人将对计数负责：托运人的装载和清点（Shipper Load and Count, SLC）。这并不能免除承运人在过去保管货物的责任，他们仍然有保护货物的法律义务。在收货端，收货人还可以使承运人免于计算运费，并加快卸货过程。对于 SLC 而言，整车货运到某个单一目的地将是最佳的选择。

销售或运输条款

采购订单的销售条款以及供应商与客户间的合同，规定了控制并负责建立和管理承运人的一方。此外，销售条款会表明所有权何时由卖方移交给买方，并规定了由谁支付承运人的运费。

乍一看，如果客户在承担产品所有权和责任之前，允许托运人负责托运、付款给承运人并将货物运送到目的地，那么货运会变得更加简单。但是，有很多原因使其中一方更希望控制装运销售条款。

（1）该方有额外的货物要增加运输，从而降低运费。

（2）该方与优质承运人具有良好的关系，并提供具有竞争力的价格。

（3）该方希望一次性收取产品和联合运输服务的费用，作为收货方的创收服务。

也有一些原因导致无法控制运输中的货物。

（1）控制方承担责任风险，并拥有运输中的存货和相关成本。

（2）控制方对运输中的损坏和短缺情况提出索赔并进行管理。

（3）控制方必须管理相关的装载、运输和管理费用。

根据运输服务管理方面的专业知识可知，销售条款对双方而言都是一种公平的谈判因素。表10-1列出了常见的装运港船上交货（Free on Board, FOB）国内运输销售条款。

表 10-1　国内 FOB 销售条款

	FOB 起点 运费到付	FOB 起点 运费预付	FOB 起点 运费预付并已扣款	FOB 目的地 运费到付	FOB 目的地 运费预付	FOB 目的地 运费预付并已扣款
途中的物品所有者	买方	买方	买方	卖方	卖方	卖方
费用支付方	买方	卖方	卖方支付买方账单	到达后买方支付	卖方	卖方支付买方账单

国际运输

表10-2说明了2010年国际商会《国际贸易术语解释通则》（International Commercial Terms，INCOTERMS）对国际销售条款的规定。与国内销售条款的目的类似，INCOTERMS 可以帮助承运人、托运人、收货人、金融机构和其他对国际货运感兴趣的人，以相同的物流术语进行表述。它减少了所有权、责任和跨国际边界运输货物的债务等方面的分歧，这与国内货运相比是一项艰巨的任务。图10-3所示为上海洋山深水港。

图 10-3　上海洋山深水港

表 10-2　2010 年国际贸易术语（INCOTERMS 2010）

2010 年国际贸易术语解释通则（11 项）	举例	主要方面
工厂交货 （ExWorks，EXW）	中国广州 EXW （工厂提货城市）	工厂运输 买方用卡车装载货物 买方承担运输成本及风险 卖方的最小承担义务 适用于所有模式
货交承运人 （Free Carrier，FCA）	爱尔兰沃特福德 FCA （货车终点站城市）	在沃特福德交付给货车公司 买家选择承运人 卖方在卡车上或终点处装货 卖方办理出口清关 适用于所有模式
船边交货 （Free Alongside Ship，FAS）	中国洋山 FAS （装货港区）	交付到港口并卸货 买方承担成本和风险 买方办理出口清关 适用于海上或内河航道
船上交货 （Free on Board，FOB）	美国莫比尔 FOB （装货港口城市） 变体：装舱与捆绑	通过船舷交货 买方承担成本和风险 卖方办理出口清关 装载与捆扎 适用于海上或内河航道

续表

2010 年国际贸易术语解释通则（11 项）	举例	主要方面
成本和运费 （Cost and Freight，CFR）	中国台湾 CFR （卸货港口城市） 变体："落地"意味着卸货成本	卖方支付到指定卸货地点的运输成本和运费 买方承担在船舷交货的装运损失风险 卖方办理出口清关 装载与捆扎 进口商支付保险 卸货成本 适用于海上或内河航道
成本费、保险费与运费 （Cost, Insurance & Freight，CIF）	美国长滩 CIF （卸货港口城市） 变体：如果想要高于 CIF，则"达到最大覆盖率，卸货"	与 CFR 相同 再加上卖方支付保险直到目的港口 货物价值的 110% 作为基本保险费 卸货成本 适用于海上或内河航道
运费付至 （Carriage Paid To，CPT）	美国底特律 CPT （目的地城市）	多式联运（联合运输） 到达目的城市的出口运输成本 货物到达承运人手上以后，风险被转移给了买方 出口商选择承运人 卖方办理出口清关 未卸货 适用于所有模式
运费及保险费付至 （Carriage & Insurance Paid to，CIP）	美国底特律 CIP （目的地城市） 变体：如果想要高于 CIF，则"达到最大覆盖率，卸货"	与 CPT 相同 卖方提供保险直到目的城市 货物价值的 110% 作为基本保险 适用于所有模式
完税后交货 （Delivered Duty Paid，DDP）	美国圣地亚哥 DDP （目的地城市）	各种运输方式 到达目的城市和设施的出口风险和运输成本 出口商选择承运人 出口商办理进口清关 出口商有支付关税 不卸货

2010 年国际贸易术语解释通则（11 项）	举例	主要方面
运输终端交货（Delivered At Terminal，DAT）	美国彭萨科拉 DAT，1号仓库（在指定的装运码头）	各种运输方式 出口商承担到指定交货地点的风险和运输成本 可以卸货 出口商办理出口清关 进口商办理进口清关 进口商支付进口关税 注：如果双方同意出、进口商分别支付出、进口关税，完税后交货是最优选择
目的地交货（Delivered At Place，DAP）	美国亚特兰大 DAP，宜家家居的进口仓库	各种运输方式 出口商承担到指定交货地点的风险和运输成本 不能卸货 在合同中明确规定风险和费用易手的确切地点 出口商办理出口清关 进口商办理进口清关 进口商支付进口关税 注：如果双方同意出、进口商分别支付出、进口关税，完税后交货是最优选择

　　根据法律和文件要求，在不同的国家之间运输货物，所需要的文件数量的增多会大大增加货运的复杂性。表 10-3 重点介绍了成功进行国际货运所需的核心文件。全球物流服务供应商克莱恩全球物流公司（Crane Worldwide Logistics）可以为客户提供全球范围内的空运，海运、货运、代理报关和物流服务。国际文件和货运处理方面的专业知识是一家全球物流公司控制成本和满足服务期望的必要条件。

表 10-3　国际商业文件（International Commercial Documentation，
基于 David 和 Stewart，2010）

发票	用途	具体内容
商业发票	直接用于进口商或银行	包含正在计费的内容 产品说明 协调制度 数量 重量 总价值 产品名 预付项目清单 付款条件 附上信用证 货币支付 航运信息 港口 企业 日期 单位数量 重量（净重） 装运规模 销售出口商 购买进口商 联系人姓名及地址
形式发票	供进口商及"开证行"发布信用证	不是发票，是报价单 必须准确无误 用于报价比较 用于取得信用证 与商业发票相同的信息 必须包括报价的截止日期 报价不能在到期日之前撤回 可以接受任何时间，直到到期日
领事发票	用于进口国的领事馆	与商业发票相同，但在进口时打印在国家的领事馆和签证上 在寄给进口商之前获取
专业发票	用于进口国的海关	与商业发票相同，但需要打印 国际标准格式，以符合海关规范

出口文件	用途	具体内容
出口 许可证	用于出口国的政府	特定产品的出口授权 控制国家珍品和出于军事或政治目的的对外贸易
托运人出 口申报单	用于美国出口相关的 美国海关服务	每件价值超过 2,500 元的出口货品（以邮递方式 投寄的包裹则为 500 元） 由协调制度决定 收集数据，确定销售物品与地点 进入国家贸易数据库 发货前必须与美国海关联系 主要通过自动导出系统提交 这里的"出口商"是"制造商"，但承担进口商 的责任
最终用途 证明	由进口国政府提供给 出口国政府	证明产品将用于合法的目的，比如军事训练 保证产品不会被转移和用于不可接受的目的，如 维护法律

进口文件	用途	具体内容
原产 地证书	供进口商使用	没有规定制造地点和发货地点 由出口商会签发来自某国货物的声明 用于评估关税、配额和编制贸易统计 不同的国家支付不同的关税，如果表明从其他地 方发货，而不是从制造地发货，可能会被误用
制造商许 可证	供进口国海关使用	类似于原产地证书，但具体到制造产地 货物在某一国家制造并由出口商会签署的声明 用于评估关税、配额和编制贸易统计
检验 证明书	进口商要求并使用	由第三方创建，检查货物的内容、质量情况和数 量，并提供装运前检查 证明产品没有问题 瑞士 SGS 公司是全球最大的检验公司 对单据收集和信用证来说很重要 检查可以包括确定正确的产品价值的发票和 关税
认证证书	进口国要求	有时被称为合格证书 证明产品可以通过认证程序 由第三方（有时由出口商和商会签署）制作 用于说明产品符合进口国要求的技术标准

续表

进口文件	用途	具体内容
植物检疫证书	进口国要求	由第三方或农业和食品部门制作 出口国安全机构 用于确保产品没有疾病，没有感染
化验证明书	进口国要求并使用	由独立实验室发布 用于确保混合物的精确组成，如化学药品、水泥、合金和聚合物
自由销售证明书	由出口商和出口商会（或管理产品的政府机构）书面签署	证明在出口国销售产品是合法的 减少出口商销售在出口国无法销售的劣质产品的机会 常见于药品类产品
进口许可证	由进口国提出要求并由进口商提供	进口产品的授权 可调节国家进口商品结构，是一种贸易保护的工具
领事发票	用于进口国的领事馆	与商业发票相同，但在进口时打印 在国家的领事馆和签证上 在寄给进口商之前取得
保险证明书	进口商或进口国要求	从保险公司获得的产品相关保险

运输文件	用途	具体内容
海运提单	由承运人针对托运人、承运人和收货人的使用起草	运输合同 用于集装箱、汽车、板条箱和非整船调试的产品 运输合同：托运人与承运人之间的运输合同 货物收据 产权证书 直提单：已明确收货人 订购提单：在收货人的空白处标明"托运到订购地"，并可商议谁是运输过程中出售产品的最终所有人
标准提单	由承运人针对托运人、承运人和收货人的使用起草	用于内陆运输
多式联运提单	由承运人针对托运人、承运人和收货人的使用起草	用于覆盖多个运营商的联运输送

续表

运输文件	用途	具体内容
空运单	由承运人针对托运人、承运人和收货人的使用起草	用于空运 直提单
租船契约		代替用于散装商品（如石油、矿石、谷物、聚合物、沙子、水泥、糖等）的海运提单 协商方式：航次租船或定期租船 谈判空船租赁
装箱单	由出口国提供并装运	确定容器的精确数量，以及精确的 SKU 和产品描述 有助于避免延迟检查 商业发票可以代替
托运人的指示函	由托运人向承运人提供	包含运输期间货物装卸的特殊指令 关于危险品的具体规定 最好由专业人士准备 记录在劳工统计局上 包装、标签和装载的含义
危险货物装运	由托运人作"危险货物"声明	关于危险品的具体规定 最好由专业人士准备，也记录在提货单上 关于包装、标签和装载的影响
载货单	由承运人准备，供内部使用，但可由政府当局要求	清单包括所有的货物、所有权、起运港和卸货港，以及特殊说明

小结

　　如同任何包含大量移动部件的动态过程一样，在供应链中保持良好的沟通是成功的关键。如本章所示，在供应链中，仓库承运人和司机之间的配合是非常关键的。仓库经理必须确保使用软技能（人员）并应用现有技术来优化此配合。仓库与承运人、司机之间的衔接非常重要，所以经常让仓库来为客户雇用和管理承运人库。不管责任在哪里，由于所涉及职责的性质，负责的仓库经理必须是经验丰富的人。从确定需求、选择运营商到管理合同和沟通流程，这是一项艰巨的任务，例如以下几个方面。

（1）对于货运经理来说，了解影响运营商费率报价的因素至关重要。

（2）管理人员必须评估货运类型，从而使用适当的运输方式。

（3）从承运人的角度来说，货运经理越了解运输价格，就越能为自己的仓库和客户通过谈判来获得更优惠的价格和更好的服务。

（4）选择承运人并建立和维持良好的关系、开放的沟通渠道，对于营运成功的影响不可小觑。

（5）国际运输更加复杂，需要具有国际文件和承运人管理方面的专业知识。克莱恩国际物流公司这样的专业物流服务供应商，可以帮助客户更好地管理国际贸易和商业文件条款。

推荐阅读

［1］ Closs D. J., Keller S. B., and Mollenkopf D. A.. Chemical rail transport: the benefits of reliability[J]. Transportation Journal, 2003, 42（3）: pp. 17-30.

［2］ Coyle J. J., Langley C. J., Novack R. A., and Gibson B. J.. Supply Chain Management: A Logistics Perspective[M]. 9th ed. Mason, OH: South-Western/Cengage Learning. 2013: Chapter 10.

［3］ David P. A. and Stewart R. D.. International Logistics: The

Management of International Trade Operations[M]. 3rd ed. Mason, OH: Cengage Learning. 2010: Chapter 9.

［4］ Hazen J. K. and Lynch C. F.. The Role of Transportation in the Supply Chain[M]. Memphis, TN: CFL Publishing.

［5］ International Chamber of Commerce: The World Business Organization.

［6］ Lynch C. F. Logistics Outsourcing[M]. 2nd ed. Memphis, TN: CFL Publishing. 2004.

［7］ Notice of Annual Meeting to be held on May 16, 2013, Proxy Statement 2012 Annual Report.

［8］ Murphy P. R. and Wood D. J.. Contemporary Logistics[M]. 10th ed., Upper Saddle River, NJ: Pearson Education/Prentice Hall. 2011: Chapter 8.

尾注

［1］ This section is based on Murphy and Wood, 2011, pp. 246−247.

库存管理

　　本章将讨论库存管理对于供应商、买方、制造商、销售员和承运人的潜在作用。需要特别注意仓库通过库存管理来辅助这些供应链合作伙伴的能力。本章主要概述存货成本因素，并对比不良的存货管理与良好的存货管理间的影响差异。本章还将讨论对仓库的普遍期望以及影响库存可用性和成本的过程。

库存管理的重要性

在如今的商业环境中，供应链中的合作伙伴关系对于竞争而言至关重要。仓库在整个供应链中处于战略性的地位，可以促进与物料供应商、其他服务供应商（生产和制造商、批发商、零售商）以及终端零售消费者间的产品、信息和财务交易。在供应链中，上下游承运人间的衔接对于物料管理、成品的分销以及产品的逆向物流而言至关重要。

复杂的关系网络，使库存管理对于所有负责物料和产品的制造、存储、处理和财务核算的供应链各方而言都至关重要。公司目标应与供应链物流管理目标一致，从而确定每个供应链组成部分的库存政策和流程范围。目标可能因人而异，但是，认同供应链管理和市场导向概念的管理人员可以制定实现质量和价值的目标，从而提高客户的满意度。以市场为导向的企业关注客户的需求和期望，并以此设计产品和服务来满足客户的需求和期望。仓库管理者要通过给客户提供物流服务来管理库存，并以有助于承运人为客户提供服务的方式来管理库存。

库存的复杂作用

现在，从供应链的起点开始，将阿拉斯加森林中收获的锡特卡云杉树制作成定制吉他，用于舞台表演，或者制作成折扣店、在线零售商和音乐商店中的价格较低的初学者吉他。图 11-1 说明了吉他制造供应链的复杂阶段。作者和一名研究生对 4 个吉他品牌制造商及其供应商进行了研究。通过与供应商、买家、生产经理、中间商、承运人和零售商进行数小时的电话访谈，我们创建出了这张吉他供应链的可视化的图。该图表明，全球有各种各样的木材品种和来源，可以生产成千上万种不同品牌和型号的吉他。

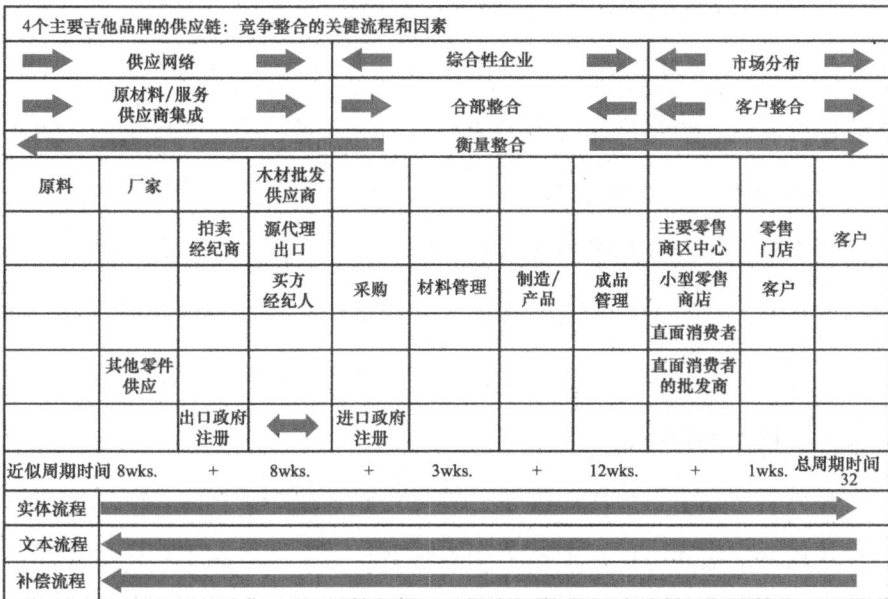

4个主要吉他品牌的供应链：竞争整合的关键流程和因素								
⇒ 供应网络 ⇒				⇐ 综合性企业 ⇒			市场分布 ⇒	
⇒ 原材料/服务供应商集成 ⇒				⇒ 合部整合 ⇐			⇐ 客户整合 ⇒	
⇐ 衡量整合 ⇒								
原料	厂家		木材批发供应商					
		拍卖经纪商	源代理出口				主要零售商区中心	零售门店	客户
			买方经纪人	采购	材料管理	制造/产品	成品管理	小型零售商店	客户
								直面消费者
	其他零件供应							直面消费者的批发商
		出口政府注册	⇔	进口政府注册				
近似周期时间 8wks.	+		8wks.	+	3wks.	+	12wks.	+	1wks. 总周期时间32
实体流程	⇒							
文本流程	⇐							
补偿流程	⇐							

图 11-1　复杂的吉他制造与分销供应链

负责砍伐锡特卡云杉树并将其运输到木材加工厂的木材公司，关注为工厂装载完整的木材牵引拖车而产生的规模经济。对于承运人来说，整车货运有助于降低将云杉原木运送至工厂的运输设备成本。在锯木厂中，物流部门负责管理原木库存，有效地向锯木厂提供木材工具，并将原木切割成木板，最终成为吉他和其他需要云杉木材的产品。

可以将木材场看成一个入站木材不包含来自牧场材料的仓库，但是经过切割和加工后，工厂的产出可能包含几个 SKU，它们代表了下一工序中用于制作吉他顶部的木板或用于制造吉他琴颈的坯料。无论哪种情况，现在完成的 SKU 的每个相关单位的库存价值都更高，这对于仓库管理员和工厂所有者而言，意味着更高的库存成本。此外，新加工和精制的产品需要更传统的仓库屋顶，以保护木材免受降水、虫害以及其他可能改变木材质量等级的环境和关键因素的影响。

此时，工厂希望将成品板和坯料运输到下一个供应链合作伙伴手上，让他们可以进一步将产品加工为成品吉他。但是，像在供应链这一级别的入库商一样，出库商的目标是在长途运输前先填满运输设备，例如，前往位于加利福尼亚州圣地亚哥附近的泰勒吉他制造厂。仓库必须方便物料的存储，并帮助承运人实现运输的经济性，同时尽快运送货物，以便工厂可以将库存的所有权和相关的库存持有成本转移到供应链的下一阶段，即制造和组装。

总而言之，木材公司的库存目标是，以较低的成本快速砍伐原木并将其从森林运输到工厂。承运人的库存目标是在单辆车上运输法律允许的尽可能多的原木，因此，通过延迟运输而将拖车装满是承运人的偏好。生产需要通过磨机过程的稳定原木流，这样可以提高生产效率。最后，工厂销售经理和库存经理希望将成品快速转移到下一个工业供应链合作伙伴手上，以便减少发票并收回应收账款。库存周转次数越多，意味着用于支持销售的库存和仓储资产的回报率越高。

前面的描述与单个木材供应商、承运人和工厂有关。图 11-1 更详细地描述了当需要多个供应商提供来自全球各地的多种材料和零件时，供应链是如何变得更加复杂的。

你可以设想，供应链伙伴关系（供应链中的节点、链接点或移动点）的数量和种类是如何随着库存目标的种类和数量的增加而增加的。从整个供应链角度来权衡、评估各个目标之间的关系，是管理库存的必要条件。

仓库管理员必须学会调整和实现自己的库存目标，同时协助他们的客户和物料或服务供应商评估和实现其库存目标。

如图 11-1 所示，吉他制造和分销供应链比我们讨论的要多得多。成品吉他的单价超过了各原材料的价值总和。仓库还必须帮助实现供应链批发和零售端的库存目标。同时，仓库必须实现其战略和运营目标。

库存和仓库在产品生命周期中发挥关键作用的第二个例子是超轻型伪装网系统（Ultra Lightweight Camouflage Net System，ULCANS）的供应链。ULCANS 是一种签名管理系统，常用于保护各种装备免受视觉观察、红外（Infrared Radiation，IR）检测、热检测，以及为设备和人员提供遮阳保护。ULCANS 的制造过程涉及众多提供原材料的供应商，而其他供应商则向原始设备制造商（Original Equipment Manufacturer，OEM）提供 VAS，如组装。各个供应商的库存水平对于 OEM 的生产能力以及向客户交付所需数量的 ULCANS 而言至关重要。正如 ULCANS 供应链生命周期所表明的那样，任何一个供应商库存不足都可能导致过程中的混乱，这反过来又会对 OEM 向客户交付系统的能力产生负面影响。

一般库存分类

仓库通常在储存什么货物、何时产生 SKU 的订单并交付给客户方面几乎没有发言权。供应商可能会收到客户订单，并立即将其传递到区域仓库以进行填充。然后，供应商可以评估 SKU 的剩余可用库存，将其与 SKU 的在途库存结合起来，评估该产品的未完成订单。该信息使供应商能够确定需要补的 SKU 库存数量，从而达到合适的库存水平。如果仓库信息的库存记录与仓库中的实际库存不符，则将来这一 SKU 可能会出现缺货的情况。

在这种情况下，仓库管理员充当了供应商或客户的库存保管员。仓库管理员对库存水平、库存吞吐量和库存周转率的控制，会受到其有效完成订单并根据客户要求的发货日期发货的能力的影响。流程、人员、设施和设备的质量，以及产品布局对实现此目标也有影响。延迟装运会影响库存水平以及相关的库存持有成本。库存不准确也会影响仓库将产品从库存转移到交货的能力。

周转库存

常规订购以满足预期需求的库存称为周转库存。第 10 章以 EOQ 来说明承运人与仓库之间的衔接，以及这种关系将如何影响所需的周转库存和安全库存水平。假设客户根据预测周期进行订购，则这是在整个时间周期内满足订单所需的库存。该周期可以由许多因素共同确定。其中的两个关键因素可能是生产产品所需的时间以及将货物运输给客户所需的运输时间。假设下订单后需要 3 天才能生产。此外，由于承运人利用联运服务来降低运输成本，因此运输需要 4 天。在这种情况下，生产商需要 7 天的库存才能满足从发货到下一批货物到达期间的需求。

如果需求是已知的且没有波动，并且承运人每次都准时到达，则周转库存就是可以满足需求的客户订购量。但是，如果客户的订购量超过了他们预期的需求，或者承运人遇到运输问题，则建议公司持有一定数量的安全库存，以满足向客户承诺的客户服务水平。

安全库存

由于预测周期、客户需求以及运输计划可能会变化，因此公司必须依靠安全库存来维持产品的可用库存。安全库存和周转库存均有助于防止库存短缺。随着安全库存的增加，所需的仓库空间随之增加，搬运的要求也随之提高。最佳方案是，供应商要权衡持有额外安全库存水平以满足潜在客户订单所需的成本与发生缺货时所产生的销售损失之间的关系。尽管一次性的销售损失很容易被量化，但是如果客户购买替代产品、延期交货或从竞争对手那里购买产品，则缺货成本就难以被量化。当然，最严重的结果就是永远失去客户的业务。

"冰山原理"中描述冰山原则的部分更详细地介绍了仓储倾向于增加安全库存的问题。周转库存和安全库存的组合可以满足预期需求。当可用的现有库存数量下降到接收订单所需的天数与每日需求的乘积这一点时，将建立再订货点来触发订单。如果需求增加，则安全库存将用于防止库存不足。

在途库存

刚开始可能很难想象仓库如何影响在途库存水平。存货的所有权随着物料和产品在供应链中的移动而转移，所以在产品从供应商处传递到客户手上的过程中，供应链中至少有一个成员拥有该产品。因此，管理在途库存与管理仓库库存同样重要。

仓库的收货流程决定了仓库管理员能否以最有效的方式接收入库产品。例如，由于对入库拖车所需的人员或设备规划不当而造成收货延迟，导致存货在承运人处滞留的时间超出了预期。从积极的角度来看，先进的仓库已经制定了详细的流程，承运人工作完成后卸下拖车，并在营业时间后将货物卸载并存储在安全的码头区域。

投机性库存

并非所有影响客户对产品的需求模式的事件都可以被完全准确地预测。安全库存有助于减轻此类未知事件的威胁。因此，可以预测但并不常规的事件不属于周转库存的范畴，而是属于投机性库存。市场营销经理、销售经理、生产经理和库存经理可能不得不推测许多类型的事件发生的可能性。一些事件可能与季节性的需求变动、预期的价格或利息上升，甚至与运输能力不足有关。

一些示例可以解释订购高于正常客户需求水平的库存的理由。外来的木材通常被用于制造专门的吉他型号，这些产品的目标客户是想购买由独特的木材产生声音共鸣和由艺术木材设计纹理的产品。但是许多他国的木材，甚至是一些用于制造吉他的常见木材，其采购机会都是有限的。例如，众所周知，来自马达加斯加的木材供应不足，当地的木材问题会破坏国内的物流基础设施，并会扰乱木材商品的出口。由于这个特定的原因，一家吉他制造商购买和储存了3年的木材，这些木材主要来自非洲地区。该公司不想用完木材，而被迫放弃用它制作吉他模型或系列。

仓库必须确定一个合适的位置来存储木材，以便调节存储期间的温度从而保持木材中合适的水分含量。

由于当天港口装卸工罢工，西海岸的港口被关闭，禁止了商船的装卸。聪明的进口经理会紧跟港口活动，来防止公司出现潜在的供应问题。库存经理可能会与采购、物流、制造和销售部门合作，评估投机性库存的未来存货，以应对任何可能会影响进口的重大合同谈判和潜在的工会罢工。

考虑到未来可能影响货源的不可预测事件，买家购买了更多的投机性库存，因此库存成本增加。长期投机性库存可能需要更改仓库产品的布局，以适应增加的 SKU 库存。长时间保存的大量库存可能是专用库存的首选对象。

成本影响

根据每个计量单位计算材料成本，计量单位比如每 100 磅（1 磅约为 0.454 千克）、每立方英尺或每码（1 码约为 0.914 米）、每吨或任何其他行业可接受的单位。制成品也可以根据单位价值进行衡量，例如每箱或每个托盘的价值、平方英尺、立方英尺或其他一些公认的行业度量单位。

如第 10 章所述，存货持有成本可能会受到几个因素的影响。影响的大小可能会因存储的产品不同而有所不同。报废、丢失和盗窃，存储和处理，利息、税金和保险是最常见的可量化的库存成本变量。

尽管仓库可能不负责确定入库库存或出库订单的数量水平，但与操作员相关的政策、流程和人员肯定会影响与持有库存相关的成本。

产品轮换是按订单装运新产品前将旧产品移出仓库的程序。尽管对于包含按日期或产品代码进行销售的产品而言，FIFO 法更适合，但从入库到出库的交叉转运会为适当的产品轮换带来机会、增加复杂性。在适当的时候，库存管理系统要能促进交叉转运，但也必须找到将编码日期相近的存货与交叉转运的产品合并的最佳点，以防止产品因过时而被淘汰。

产品的丢失和盗窃意味着各种各样的问题。即使使用了最复杂的库存跟踪和定位系统，缺乏训练的仓库员工也可能会将产品放错位置。在一个 30,000 平方英尺的仓库中，经理决定建立一个随机的库存系统。他认为，这将有助于减少入库拖车和有轨电车的接收时间。在此之前，仓库给每个 SKU 都指定了专门的位置。两个月后，经理注意到产品被放回了之前的位置。他发现员工们没有理会这个系统并更改了 WMS 优化算法生成的插槽。尽管员工认为，最好是像过去一样，每种产品使用固定位置来保持库存完整性，但是员工在系统中更改产品位置可能会导致产品损失。

客户需要为产品的移动和产品所占用的空间付费。这两个因素都会产生与所要求时间相关的成本。如果仓库管理员没有建立有效的标准化流程来进行产品移动和存储，那么将会增加人工和设备成本，并且客户所需的空间可能会比仓库预期的要大。管理客户运费的成本不断增加，将导致合同中没有详细说明的额外服务费用，并促使仓库管理员和销售人员尝试与客户重新协商价格。同样，仓库管理员具有建立流程和培训的能力，可以满足客户提高费率的需求。

预测的影响

销售预测应包括预期的基本销售量，即没有任何其他影响的销售量。在"周转库存"中已经讨论过周转库存，其中包括循环周期内满足客户对产品数量的需求。这将是预测的 SKU 或产品分组的基本销售量。你已经了解了仓库服务在订购时是如何使用库存的。丢失或损坏的产品、未能按时发货的订单都可能会降低客户需求的基础水平。

在特定的时间内，当客户购买的产品量超过基本销售量时，季节性波动会影响预期需求，并且这些趋势每年都会重复发生。尽管仓库可能不会影响这种类型的需求增长，但是仓库必须做好准备，以应对更多的入库数量、更多的 SKU 种类（可能之前处理过，也可能没有），以及满足本季度内特定交付日期的更多出库数量的需求。假设客户的基本需求是稳定的，并且他们预计季节性销售量将增加 18%，则仓库可以预期管理的交易量会提高 18%。可能需要雇用和培训更多的人员，增加更多的设备。总体仓储成本预计会增加，而客户服务水平预计将保持不变。

商业周期也可能影响需求。经济衰退导致客户消费能力下降，因此需求也会随之下降。2008 年，消费者和企业的购买力下降，最终物流公司和运营商陷入了可用能力过剩的困境，比如剩余了大量拖车或仓库面积。随着需求的减少，由于物料和产品在供应链中的流动速度和规模都不如经济下滑前那么快，因此仓库管理员只能被迫缩减可用空间。等待处理的库存水平需要更长期的存储，但是库存的估值也在下降。尽管讨论的重点不是解决仓库在经济下滑时期的管理问题，但对于仓库管理员而言，重要的是要掌握商业周期内下降或需要改善的领先指标，进而实施适当的战略计划和运营策略。

市场营销和促销活动会影响需求，因此，应将特定活动的预期销售增长也纳入预测。一家制造商生产的卫生纸数量过剩，对于一个低成本零售商卖方而言，这是一个可节省大量成本的机会。零售商的 DC 察觉到可以进行特价购买并举行相应的零售促销活动，因为除了日常的吞吐量外，它还必须管理几卡车的促销产品。这也意味着，为非促销品入库预约的承运人不得不在周末休息，下周一才能卸货。

仓库经理必须熟悉促销对需求预测和相应的分销活动的影响。特别是在促销活动之前与营销部门和销售部门进行良好的合作，可以很好地为零售商、仓库和承运人服务，从而保证向所有人提供的配送服务的完整性以及所涉及的成本不增加。

尽管仓库可能会从客户那里收到需求预测信息和数据，但仓库管理员必须了解与需求预测有关的具体因素。对于仓库管理员来说，收集数据并根据客户和 SKU 执行自己的预测，并与客户的实际情况进行比较，可能是一件好事。预测方法包括使用加权移动平均线，借此可以利用最近几个时期的销售量来预测下一个时期的需求。唯一不同之处在于，最新销售数据的权重比旧销售数据更大。如果需求期与预测期越近，则这个周期的需求就越接近预测的周期。还有一种预测技术，叫指数平滑法，可以执行更复杂的加权计算。根据先前的预测结果与实际需求的差值，利用 α 因子对之前的预测设置加权，从而预测下一个时期的需求。简单多元回归分析和数学建模也可以用来预测需求。

难以预测的项目需要汇总更高水平的信息，然后创建更普遍的预测模型，或依靠经验丰富的经理的专业知识。预测的误差表示预测与实际销售情况之间的差距有多大。平均绝对误差百分比同时考虑了过度预测和预测不足可能产生的误差。可以通过平均预测误差来获得平均预测值，而无须考虑单个项目的错误问题。

冰山原理

大多数人都知道泰坦尼克号沉没的故事。尽管冰山一角是问题的征兆，但没人知道水面以下的问题有多大。仓库经理可以从冰山原理这一常见的行业概念中吸取教训。冰山代表了仓库内部、客户、承运人和收货人之间的问题，这些问题会导致效率低下、与库存相关的成本增加等问题。图 11-2 展示了冰山原理。

图 11-2　冰山原理

从前面关于预测和销售对仓库运营的影响的讨论中可以看出，有许多积极因素可以增加销量，这可能需要更高的库存水平。但是，当持有更大数量的安全库存时，通常会抵消很多仓库内部或外部的问题，使这些问题不会对客户服务水平产生负面影响。

潜在的仓库问题包括但不限于以下两种。

（1）内部问题。

① 收货延迟导致可用存货数量低于仓库中的实际存货数量。

② 处理不当的产品几乎等同于丢失或损坏的产品，必须根据客户需求进行更换。

（2）外部问题。

① 仓库的延迟装运可能会导致客户持有更高水平的安全库存，从而避免搬空货架。

② 仓库中的产品短缺，会增加接收者的安全库存。

尽管任何仓库问题都可能严重影响库存水平，但是仓库经理必须监控库存水平和准确性，以及已发货订单的差异，从而识别导致仓库库存或客户安全库存增加的潜在仓库问题。

错误与纠正

作为公司库存的管理者，例如自营或出租仓库的经营者，仓库经理必须专注于维护库存的完整性。必须找出错误，并纠正存在的产品差异，否则，安全库存将上升到公司和客户无法接受的水平。研究库存的不准确性将揭示与流程和人员相关的潜在问题，而这些问题又必须被解决。

循环盘点

研究和纠正错误的时间越长，对库存差异进行核对就越困难。尽管出于会计目的，通常每季度、每半年和每年都会进行实物盘点，但无法立即解决问题和核对存货。如今管理人员希望通过循环盘点来帮助他们快速发现库存问题，这样做有助于降低库存水平并改善分销服务。

　　循环盘点是指持续不断地对指定 SKU 进行物理计数。不同仓库可能对于何时循环盘点 SKU 的看法有所不同，但是理念都是对最近搬运过或具有特殊特征的物品进行计数，这些特点可能会使这些产品有更大的损失或超额风险。仓库中存在的实物数量与账簿上的 SKU 数量之间的差异，可以通过频繁清点经常作业的产品来实现更方便的识别。

　　处理频率取决于每天订购或接收物料的频率，也可能取决于库存合并、将 SKU 移动到 OS&D 区域进行返工或维修期间移动物料的频率。

　　物品的价值也可以作为考虑循环盘点 SKU 的基础。在某些情况下，即使一天或一周的各项活动中都没有包含该特定物品，也可以计算出价值更高的 SKU。与价值较低的物品相比，如果价值较高的物品丢失，其将受到更多的关注。

　　循环盘点也可用于仓库区域。与没有活动或价值较低的项目相比，活动更多或价值更高的 SKU 需要更频繁地计数。活动量最大的区域可以每天进行计数，而活动较少的区域则可以每周或每月计数一次。

实地盘点

　　对整个仓库进行实地盘点，可用于发现账簿的库存记录与工厂内部实际情况之间的差异，并进行纠正。与循环盘点类似，它增加了仓库管理员和客户对现有库存准确性的信心，以满足客户需求和评估需求。与进行持续的循环盘点相比，实地盘点更具颠覆性，并且需要更多的资源。进行全面的实地盘点还需要提前制订具体计划，以确保在实地盘点过程中不会出现服务和交付方面的问题。

随着 RF 技术的不断应用，许多仓库中的库存管理人员都具备了更好的装备，利用传统条形码的准确性和更先进的 RFID 标签，来保证库存商品的完整性和准确性。先进的技术可以帮助防止在上架、补货、拣选和装载过程中出现错误。减少错误意味着循环盘点和实地盘点可以更高效、更准确，因为在开始实地盘点之前，库存记录和实际库存之间的不一致性将会降低。

实地盘点和审核占用仓库的存货总数需要进行预先规划、确定和培训合适的人员从事清点、保存记录和核对工作。对于某些仓库而言，可以使用 RF 阅读器完成实物计数。但是，其他人可能需要使用标签系统。无论哪种情况，都鼓励管理人员对设施中的每个单元位置进行独立计数。然后必须比较由不同团队得出的两个独立的结果，从而找到两个计数不同的产品的位置。如果前两次计数不一致，则需要第三次计数。最终盘点的核对结果必须与计算机中记录的库存一致。

重要的是，要将实地盘点开始后所收到的入库产品，与指定的盘点区域完全隔离。同样重要的是，不要让入库单出现在与实地库存进行比较的账簿上。由于 OS&D 区域或返工区域可能包含处于不同维修状态的多个 SKU，从而使这一区域的产品计数可能需要更多时间，因此应首先对其进行计划。

完成实地盘点和差异核对后，必须调整存货记录，使之与实地盘点的结果相符。鼓励客户和仓库管理员在合同协议中明确实地盘点策略，并说明偏差水平，当记录的库存调整幅度超出偏差水平时，要明确相应的处罚措施。

小结

库存在产品供应链中占有特殊的位置。没有适当数量的库存，最终将无法将产品交付给客户。但是，过多的库存也意味着更高的成本和要低的效率。整个供应链中的库存管理是决定是否成功的重要因素。使库存类型与产品和产品周围的环境因素保持同步是必要的。仓库经理和客户之间应紧密联系，进行适当的预测，并防止出现缺货情况。以适当的频率进行实地盘点有助于确保库存的准确性，并防止缺货。

推荐阅读

［1］ Donald J. Bowersox, David J. Closs, and Theodore P. Stank. 21st Century Logistics: Making Supply Chain Integration a Reality[M]. Oak Brook, IL: Council of Logistics Management. 1999: 29.

［2］ Coyle J. J., Langley C. J., Novack R. A., and Gibson B. J.. Supply Chain Management: A Logistics Perspective[M]. 9th ed. Mason, OH: South-Western/Cengage Learning. 2013: Chapter 7 and 9.

［3］ Narasimhan R. and Kim S. W.. Information system utilization strategy for supply chain integration[J]. Journal of Business Logistics, 2001, 22（2）: 51-75.

［4］ Scott Keller and Robert Saxer. Complexity in managing guitar manufacturing supply chains. 2013 working paper.

［5］ Teresa M. McCarthy and Susan L. Golicic. Implementing collaborative forecasting to improve supply chain performance[J]. International Journal of Physical Distribution & Logistics Management, 2002, 32（6）: 431-454.

尾注

［1］ Donald J. Bowersox, David J. Closs, and Theodore P. Stank. 21st Century Logistics: Making Supply Chain Integration a Reality. Oak Brook, IL: Council of Logistics Management. 1999: 29.

［2］ Scott Keller and Robert Saxer. Complexity in Managing Guitar Manufacturing Supply Chains. 2013 working paper.

12

选择仓库位置

仓库的位置或布局是一项战略和运营决策，直接影响客户服务、成本和价格。选择仓库位置时必须考虑和分析众多因素。本章列举了这些因素及其对质量、及时性和成本的影响。此外，本章还提供了仓库位置分析实例。

选择仓库的位置

从最早的时候开始,城市就位于水道和主要交通枢纽附近,物资可以方便地到达这些地方,在那里人们可以自给自足。交通工具促进了移民和社会经济发展。随着经济的发展,社会需要通过存储和处理设施来维持食物供应和商品销售。

毫无疑问,如今运输在执行仓库、DC 和交叉转运业务的过程中起着关键的作用。芝加哥牲畜饲养场之所以成功,是因为现在可以通过铁路将牲畜从农村运送到芝加哥的牲畜饲养场。加工者可以将肉放入冷藏室(最早的时候是放到冰中),然后运送到更远的零售地点和消费地点。

全面覆盖从田地到消费者之间的库存点,将增加更大市场范围内的营销活动。仓库在开拓市场方面起着至关重要的作用。运输的可用性、质量和价格会影响客户和运营商的总运营成本,因此在确定仓库设施时应加以考虑。

其他关键因素包括不同地区的分区条例、建筑物内外执行的特定 DC 的活动、税收政策,以及土地、劳动力和公共设施的可用性和成本,当然还包括与这些活动相关的运输货物的预期支出。

主要因素

位于密苏里州奥利夫布兰奇的一个仓库,获得了大量的税收优惠和低利率，用来安置和雇用当地工人。尽管这不是唯一需要考虑的因素，但仍有一个类似的案例，一家直通式 DC 从亚拉巴马州中部的州政府和地方政府那里获得了财政奖励，用来建造仓库和培训员工。

可以在指定的评估时间内对现有库存的存货价值进行征税。公司在进行仓库选址决策时，需要考虑管辖库存税的州或地方税法。如果城市市场范围内的库存税远远高于某一距离市场 100 英里（1 英里约为 1.61 千米）的区域的库存税，那么可以考虑将仓库建在这一区域内，这样总分销成本可能会更低。在比较不同仓库位置间的总成本时，需要权衡分析运输成本和库存持有成本，还必须考虑可能要支付的税金。

还要很好地理解分区条例，才能使做的工作符合对仓库资产的限制要求。尽管州、地方和县级法规可能允许存储特定产品，但是可能存在一些法规限制进入该区域的拖车的大小和重量。时间限制也可能会影响仓库客户或租户履行其职责的工作时间。选址契约可能会限制可以进行的分销和仓储业务的性质，建筑物和拖车批次，以及集结地的大小、高度和总占地面积。

亚拉巴马州的直通式 DC 获得了免费土地，以作为选择农村地区开展业务的奖励。DC 的区域包括伯明翰，可以利用那里的土地实现公司的供应链财务和配送目标。DC 的位置靠近一条主要的南北走向的州际公路，并且从周围的农村人口劳动力中很容易地获得了运营所需的雇员人数。

另一个关键标准是仓库或 DC 相对于物料、供应商或客户的位置远近。由于 DC 支持多个供应商、多个客户和市场，因此其复杂性会被放大。

设施位置分析

通过复杂的位置分析，能够将许多复杂变量纳入决策考量，从而进行复杂计算。可能的变量包括入库货运量和运输成本。例如，如果仓库存储用于生产的原材料、仓库接收用于分配的成品这两者中存在一种或两种都存在，那么入库货运成本可能会因客户和 SKU 而异。

可能需要使用铁路壁板来接收用于制造过程的铁路货运材料。制造商必须考虑生产过程对成品重量和稳定性的影响。产品在生产过程中是否会导致重量增加，而这是否会使货运费用增加。如果费用会增加，则建议工厂经营者考虑客户或市场附近的地理位置。但是，如果在生产过程中产品重量减少，则最终产品将更轻，而运费是以重量来计算的，那么将工厂建在靠近原材料供应商的位置是比较合适的。支持生产的自营仓库可能位于工厂附近，因此会受到产品重量增加或减少的影响。

表 12-1 提供了加权平均仓库位置分析的示例。由于运输成本在总物流成本中占很大的比例，因此有必要计算仓库或 DC 的最佳位置，以最大限度地减少用于管理入库和出库的运输费用。

表 12-1　加权平均仓库位置分析

供应商	费率 / 吨英里	吨数	网格水平坐标	网格垂直坐标	水平计算	垂直计算
S1	2.50	500	350	200	437,500	250,000
S2	2.15	500	400	500	430,000	537,500
S3	1.80	800	275	500	396,000	720,000
S4	2.50	700	200	420	350,000	735,000
				合计	1,613,500	2,242,500
市场						
M1	2.00	380	600	300	456,000	228,000

续表

供应商	费率 / 吨英里	吨数	网格水平坐标	网格垂直坐标	水平计算	垂直计算
M2	1.90	320	600	600	364,800	364,800
M3	2.30	400	550	700	506,000	644,000
M4	2.50	250	700	650	437,500	406,250
				合 计	1,764,300	1,643,050
				S 和 M 求和	1,613,500	2,242,500
					+1,764,300	+1,643,050
				总 计	3,377,800	3,885,550
★ 见以					3,377,800	3,885,550
下计算					+★8,428	+★8,428

供应商：$2.50 \times 500+2.15 \times 500+1.80 \times 800+2.50 \times 700=1,250+1,075+1,440+1,750=5,515$

市场：$2.00 \times 380+1.90 \times 320+2.30 \times 400+2.50 \times 250=760+608+920+625=2,913$

★ 总计：$5,515+2,913=8,428$

仓库的网格坐标（之前分析计算的坐标）

800								
700					M3			
600						M2	M4	
500		S3		S2				
400		S4	S1	★（401/461）				
300						M1		
200								
100								
0	100	200	300	400	500	600	700	800

★表示网格坐标和仓库的大概位置。

步骤1，确定将货物运送到 DC 的供应商位置。可以将位置映射到具有垂直轴和水平轴的网格中，垂直轴和水平轴分别表示与 X 轴和 Y 轴的零交点之间的距离。步骤2，根据市场或客户到 X 轴和 Y 轴的零交点的距离将其放置在网格上。步骤3，需要估算预计从供应商运到仓库的总吨数。对每个供应商渠道都要执行此操作。步骤 4，仓库和每个市场间也需要估计吨数。

接着，可以计算每吨英里的运输速率，用供应商 S1 的每吨英里的运输速率 2.50 乘以从供应商 S1 处运输的产品的吨数 500。要计算英里数，需要将结果 1250（$500 \times 2.5 = 1,250$）乘以供应商到两个 X 轴和 Y 轴的零交点的距离。利用供应商 S1 的水平网格坐标，得到的结果是 437,500（$1,250 \times 350 = 437,500$）；使用供应商的垂直网格坐标执行相同的操作，得到的结果是 25,000（$1,250 \times 200 = 250,000$）。对每个供应商和每个市场都要执行相同的操作，然后对供应商和市场的水平列求和（$1,613,500 + 1,764,300 = 3,377,800$），再对垂直列求和（$2,242,500 + 1,643,050 = 3,885,550$）。最后两个步骤是，对所有供应商和市场的产量与速率的乘积求和（请参考以下计算过程）。

供应商总计：

$2.50 \times 500 + 2.15 \times 500 + 1.80 \times 800 + 2.50 \times 700 = 1,250 + 1,075 + 1,440 + 1,750 = 5,515$

市场总计：

$2.00 \times 380 + 1.90 \times 320 + 2.30 \times 400 + 2.50 \times 250 = 760 + 608 + 920 + 625 = 2,913$

总计：$5,515 + 2,913 = 8,428$

表 12-1 列出了最终确定的仓库位置网格坐标，最大限度地减少了入库和出库的总运输成本。该表格说明了水平网格位置（$3,377,800/8,428$）和垂直网格位置（$3,885,550/8,428$）的最终计算结果。基于为供应商和市场提供服务的总吨英里成本估算，仓库或 DC 最好位于水平坐标 401 和

垂直坐标461的交点处。重量或速率的微小变化，不会对通过加权平均（速率和吨英里）分析仓库位置所得到的结果产生很大的影响。

运输成本可能是确定某些仓库位置的主要因素。但是，对于其他公司而言，必须在运输成本、仓储成本和库存持有成本之间进行权衡，必须比较总成本，以评估仓库位置方案的可行性。

将家庭医疗保健机构和家庭医疗设备公司放在同一位置：真实示例（部分内容基于对家庭医疗保健专业人士 Maureen McBride 的采访）

佛罗里达州的一家名为 FHH 的家庭医疗机构，想通过在其他地区获取经营授权，来达到扩大其市场这一目标。该机构为出院的患者提供优质的护理，使患者能够在舒适的家中继续康复。与患者留在医院或被送往优质的护理机构的费用相比，如果能在家中护理，患者的医疗费用将会大大减少。

FHH 不仅从医院接收患者的转诊，而且还从医师办公室、疗养院、辅助生活设施和熟练的护理设施处转接患者。当 FHH 收到转诊的患者时，由临床医生对患者进行评估。这是在患者家中进行的，并根据患者的身体评估，安排适当的临床医生（护士、理疗师、专业治疗师等）进行就诊，帮助患者康复。FHH 将代理商的销售人员安排到上述所有地点。专业的销售代理商与转诊渠道建立并保持关系，并监控向患者提供的护理情况。

为 FHH 的新办公室选址，需要绘制转诊来源地图，并对 65 岁及以上的人群进行分析。FHH 专门为这部分医疗保健市场提供医疗服务。

公司职员认为，将 FHH 与关联公司 FHME 放在一起是一个好的销售和运营策略。将它们放在同一地点可以使业务整合，共享机会和效率。建筑、人员、办公技术和设备也可以实现共享。此外，FHH 和 FHME 的客户服务目标也能得到提升，因为如果患者需要助行器、拐杖、氧气罐等医疗设备，FHH 现场销售人员和临床医生可以协助将设备运送给患者。两家公司在一起，不仅可以实现更好的成本经济性和服务经济性，还可以帮助将彼此的服务推广到更多业务中。医院和医生办公室通常更愿意使用单一来源的家庭护理和设备。一个电话就可以让转诊源调度 FHH 和 FHME 的服务和产品。

从示例中可以看出，将办公室设置在所服务的医疗设施的中心，可以使 FHH 销售人员减少路途中的成本（包括车辆费用和花费的时间），从而提高拜访患者的质量，增加服务时间，这是家庭医疗保健和设备业务的两个关键组成部分。而位于同一地点、同一转诊源的 FHME 同样可以从其自营仓库和设备配送服务的运营中受益。使用与表 12-1 类似的吨英里网格分析，可以帮助公司确定中心位置或区域。

通过分析评估从建议的中心位置到所服务的医疗设施的潜在路线，FHH 销售人员和 FHME 设备交付人员都将受益。尽管在衡量备选设施位置和行驶路线时，都需要考虑车辆的运营成本和补偿成本，但设备公司会产生在途库存成本之外的费用。

运送到家中的医用病床的价格可能超过 500 美元，而一个氧气瓶的价格可能高达 25 美元甚至更高。氧气集中器在行业中越来越受欢迎，这是一种可以吸收空气中的氧气并对其进行过滤的设备，可以在患者家中产生纯氧。标准氧气集中器的单价大约为 500 美元，而便携式氧气集中器的单价则超过 1800 美元，但可变成本大大低于氧气钢瓶的价格。FHME

拥有该产品的库存和在途库存。耐用的医疗设备单位的库存持有的成本很高，所以库存的再订货点设置得越低越好，并且补货运输服务必须快速响应。对于家中的患者来说，氧气瓶的一次缺货，可能就会危及他们的生命；而对于医院订购氧气瓶来说，一次缺货可能会危及 FHME 和医疗转诊源之间的关系。因此，氧气瓶的安全库存水平应设定得比可弯曲金属更高，这是一个工业术语，用于描述价格较低的铝制助行器、拐杖和床头厕所。

医生可能不会建议从一家需要一小时车程的设备公司运送氧气瓶给病人。医生不希望因无法预料的配送问题而面临延迟配送的风险。在分析位置时考虑行车时间（包括严重的交通延误），会增加设施位置的复杂性。因此，应评估备选路线，以及销售人员、临床医生和设备交付人员的有效运输时间。

需要用路线模型来评估设备交付的情况。路线成本应根据每个潜在的或拟定的设施位置来进行评估。表 12-2 提供了一个备选路线解决方案的示例，该方案考虑了位于同一地点的 FHH 或 FHME 医务人员办公室、设备仓库与医疗机构转诊源之间的距离。必须确定起点与所有服务地点之间的距离。在此示例中，FHH 或 FHME 距最近的医疗机构客户（一家专业护理机构，SNF-1）6 英里。转诊源 ALF-3（生活辅助设施 3）位于距初始代理商和仓库最远的位置。第二列列出了每个客户的容量要求。例如，标有 HOSP-1 的医院平均需要 30 平方英尺的卡车空间来运送医疗设备。在此示例中，卡车上用于医疗设备的最大可用空间为 115 平方英尺。为了便于说明，对这些数字进行了简化。

表 12-2　家庭保健销售和医疗设备备选路线的示例

推荐源	容量要求（面积要求）	英里数							
		FHH或FHME代理商	SNF-1	ALF-1	HOSP-1	ALF-2	HOSP-2	ALF-3	HOSP-3
FHH或FHME代理商	初始	0							
SNF-1	16	6	0						
ALF-1	20	8	7	0					
HOSP-1	30	9	10	10	0				
ALF-2	26	7	18	15	7	0			
HOSP-2	30	18	25	22	8	9	0		
ALF-3	20	25	30	27	15	12	8	0	
HOSP-3	40	18	24	26	14	9	8	7	0

卡车上最大可用空间（115 平方英尺）

在考虑从原始代理商或仓库到最近的客户的距离，以及到下一个最近的客户的距离时，可以为销售人员建立备选路线。当每次交付都受到面积要求的限制时，将产生两卡车交付的解决方案（如图 12-1 所示）。从 FHH 或 FHME（初始设备仓库）向设备运送卡车 1 号的分配路线如下。

第一站：专业护理机构 1（SNF-1）。

第二站：生活辅助设施 1（ALF-1）。

第三站：医院 1（HOSP-1）。

第四站：生活辅助设施 2（ALF-2）。

第五站：返回 FHH 或 FHME（初始设备仓库）。

由于每辆卡车的运输空间有限（115 平方英尺），因此需要卡车 2 号为额外的客户提供货物。卡车 1 号将设备从第一站运到第四站需要 92 平方英尺的空间（16 + 20 + 30 + 26 = 92），大约能达到80%的产能利用率（92/115×100% = 80%）。添加下一个客户停靠站将会超出卡车1号的可用容量，因此其余的客户地点将由卡车2号提供服务，即第一站，HOSP-2（需要30平方英尺）；第二站，ALF-3（需要20平方英尺）；第三站，HOSP-3（需要40平方英尺），总计90平方英尺，约为78%的产能利用率（90/115×100% = 78%）。

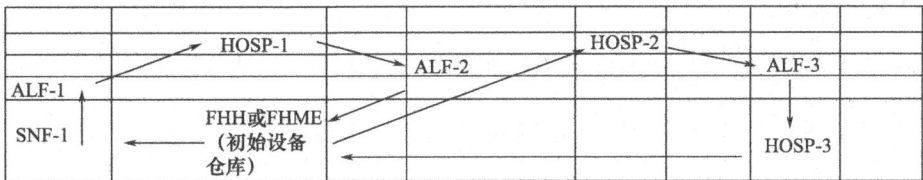

图 12-1　两卡车交付的解决方案

　　显然，在确定最终位置之前，FHH和FHME还必须评估其他重要因素。对于一个大约有20万人口的城市来说，分区手册拥有超过300页的详细信息。在选择仓库地点之前，必须对州、市和县的法规进行深入研究。以下是FHH和FHME在确定最终位置之前必须考虑的一些其他细节。

　　（1）因为一些医疗设备将被出售给普通零售商，所以必须批准零售区域划分。

　　（2）必须保留城市营业执照。

　　（3）州政府要求城市规划和区划部门出具一份文件，批准该场所用于医疗业务。

　　（4）必须保留美国医疗管理局颁发的州执照。

　　（5）由于该设施将处理医疗废弃物，因此必须保留州生物危险废弃物许可证。需要识别并确定有害废弃物的量。

（6）氧气瓶的存储需要安全许可证。

（7）Ⅱ级背景筛查包括员工的社会安全号码、身高、体重、眼睛颜色和指纹，以确认是否有任何暴力逮捕背景。由于医疗人员和设备人员与 "高危人群"、13 岁及以下的患者、容易被利用的 65 岁及以上的人群经常接触，因此需要对其进行筛查，每位员工的筛查成本约为 50 美元。

无论是医疗设备用品还是毛绒玩具，选择仓库的位置时都需要全面了解市场和人口特征、产品和服务特征、地理因素以及安全和经济法规。与现有公司设施相近的位置可能更易于共享资源，尤其是在新设施的初次启动期间。可以让经验丰富的员工为新的推荐源提供服务，并培训新员工以便可以长期雇用。在运送氧气罐之类的敏感医疗用品的情况下，备选路线至关重要。例如，佛罗里达州的巴拿马城海滩，有 3 条东西走向的主干道路：前海滩道路、中海滩道路和后海滩道路。在旅游旺季，为避免因重要医疗设备的运输时间过长而让客户产生烦躁情绪，要灵活使用其他路线。

小结

仓库在进入市场方面起着至关重要的作用。如今，可用的运输网络在决定仓库和 DC 的选址时起着关键作用。在确定仓库位置时，必须进行成本权衡和分析，其中包括运输成本、仓储成本和库存持有成本；必须对总成本进行比较，来评估一种仓库选址方案相对于另一种方案的可行性。仓库选址要求对市场和人口特征、产品和服务特征、地理因素以及安全和经济法规有全面的了解。根据产品的不同，仓库选址的决策可能不仅会影响客户服务和运营成本，还会影响企业的生死存亡。

推荐阅读

［1］ Akerman K. B. Practical Handbook of Warehousing[M]. 4th ed. New York: Chapman and Hall. 1997: Chapter 11.

［2］ Korpela J., A. Lehmusvaara, and J. Nisonen. Warehouse operator selection by combining AHP and DEA methodologies[J]. International Journal of Production Economics, 2007, 108（1-2）: 135-142.

［3］ Min H. Location analysis of international consolidation terminals using the analytical hierarchy process[J]. Journal of Business Logistics, 1994, 15（2）: 25-44.

［4］ ReVelle C. S. and Eiselt H. A.. Location analysis: a synthesis and survey[J]. European Journal of Operations Research, 2005, 165（1）: 1-19.

［5］ Vlachopoulou M., Silleos G., and Manthou V. Geographic information systems in warehouse site selection decisions[J]. International Journal of Production Economics, 2001, 71（1-3）: 205-212.

13

安全与保障

    在仓库运营中,人员的安全是最重要的,其次是客户货物的安全。DC 内各项活动本身的性质以及多变的特点,使得仓库操作环境中总是存在着潜在危险。创建安全的环境要从仓库运营负责人开始。仓库运营负责人必须不断努力创建和维护安全的企业文化,必须制定安全流程。同样重要的是,仓库运营负责人必须对员工进行培训,让他们遵守和改进安全流程和规定,以确保有安全的工作环境。从指定的产品位置到安全的产品移动,日常操作的各个方面都必须考虑安全性。许多安全提示是仓库特有的,必须教会所有员工运用各种感官来识别这些提示。保护产品免受环境威胁、处理损坏或盗窃情况也至关重要。仓库运营中的安全与保障是从一开始就必须考虑的两个基本方面。

安全和保障

一位作者在加利福尼亚州长滩市担任一线商船码头主管时，回想起无意中听到的货物押运人（领头工会的书记）和多用途牵引机（Utility Tractor, UTR）司机之间的对话。UTR 司机刚刚获得一大笔奖金。尽管这些奖金足以支持这位 UTR 司机舒服地退休，但他还是继续在 600 英亩（1 英亩约为 0.00405 平方千米）的海运码头工作。货物押运人鼓励 UTR 司机从码头退休，他说："如果不是迫不得已就不要在这里工作了，这里的工作太危险了。"

该码头负责管理一些世界上最大的集装箱、杂货、散货和钢船的装卸。在多艘船上工作有时需要 100 多名码头工人，包括 UTR 司机、店员、普通起重机和重型起重机操作员、机械师、普通工人以及船舶和码头的主管。当码头操作包括汽车运输公司将集装箱从港口运进或运出时，操作就更为复杂了。进口的钢坯也要从船上卸下，并装到平板车上，这些平板车成了一条通往该地区某家钢厂的短程铁路大桥。该码头包括 3 个大型临时货物转运棚，用于临时存储和交叉转运；两个大型集装箱场；一个废料场或空底盘场；以及一个 6～8 车道的中转站，该中转站设有接收门和装运门。大多时候，这些场地将被重新布置，以更好地适应海上作业和码头作业。货物一般在运输棚内以及整个开放式码头空间内以不同的形式分阶段存放，也可能在空间允许的任何地方临时存储多出来的设备和轮换的货物。码头和货物布局在不断变化。在这个作者为海运码头工作期间，海运码头上发生了3起事故，甚至是非常有经验的工人也丧生了。

与这3起事故有关的情况分别是：临时货物的意外移动、装载时货物的移动、在临时设备存放区域内行驶。在仓库和配送作业中，无论是在封闭或开放的存储区域内，还是在车辆进出和停放的地段内，都经常会出现这样的情况。图13-1说明了海运集装箱从船上到轮式底盘的卸货情况。图中的船可以在甲板上装集装箱，在甲板下方装散装货物；也可以将已卸货的集装箱拖到交叉转运设施处，在那里将货物卸下然后放到另一辆拖车上交付给客户。一般的散装货物放在货运站外或货运站内，等待货运公司提货。

图 13-1　从船上到轮式底盘的集装箱卸货

除了人员安全之外，仓库管理员还必须对流经其设施的产品提供保护和安全措施。在为医疗患者存放氧气瓶时，操作员必须注意将氧气瓶放在远离热源的地方。法规要求将这些氧气瓶放置在远离大功率照明设备的地方。一些设施配备了密闭储藏室，密闭储藏室的闭合门足够厚，可以承受压缩的液态或气态物料罐和钢瓶爆炸产生的压力。密闭储藏室通过使产品远离不利环境来保护产品,并保护房间外的人员和其他产品免受潜在的爆炸事故的危害。

安全是管理仓库和分销业务的经理最关注的问题之一。必须设计关键的安全措施,并将结果与安全目标进行比较,不断改进措施从而保证人员和产品的安全。

预防和减少仓库事故

最重要的是,可以通过适当的存储流程、员工培训、监督和预警指示来避免事故的发生。无论是开放式还是封闭式的产品存储区,保证人员和库存的安全性必须从建造或选择仓库设施开始。在选择存储和分销场所时,必须考虑建筑物的特征、物料搬运和存储设计、入库和出库的产品流、设施内的库存流,甚至产品驻留在设施内或设施外的区域情况。

根据美国劳工统计局的数据,2013 年 6 月,仓库和存储行业共有688,800 名(按季节调整)工人。图 13-2 表明,过去 3 年中,仓储工人的死亡人数有所下降。2010 年,死亡人数达到 20 人,比 2009 年增加了约 17%。但是,在 2011 年(16 起事故造成死亡)和 2012 年(12 起事故造成死亡),工人的死亡率一直在下降。

同样,仓储工人的非致命工伤和疾病发生率也从 2009 年和 2010 年的 5.9 例 /100 名全职雇员(Full-time Employee,FTE)下降到 2011 年的5.5 例 /100 名 FTE。涉及休息日、工作限制或职责变动的案例也有所减少(2009 年,每 100 名 FTE 中有 4.3 例;2010 年,每 100 名 FTE 中有 4.1 例;2011 年,每 100 名 FTE 中有 3.8 例)。

仓储的意外死亡事故数量

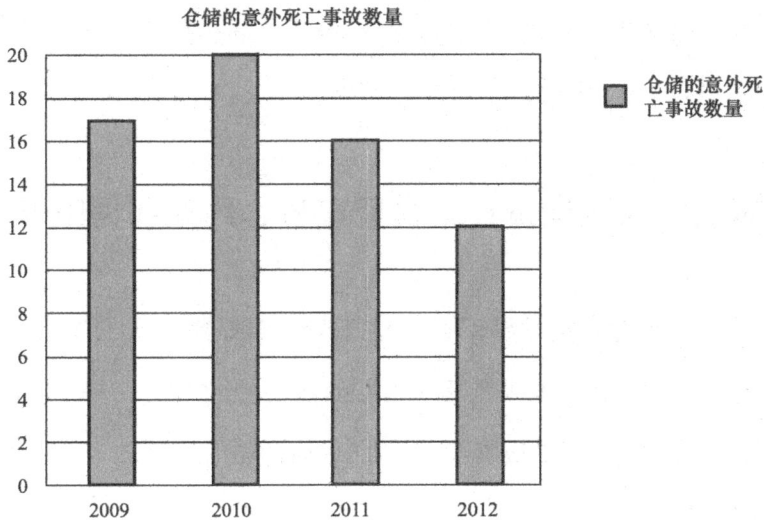

图 13-2　仓储工人死亡人数

　　尽管这一行业的发展趋势是积极的，但是经理和一线仓库员工在需要重型设备来搬运和存储大量货物的工业类型环境中工作时，必须保持警惕。

视觉安全通信的策略和系统

　　这一部分的讨论可以从仓库码头门口的收货开始。配备了红绿灯树的建筑物通过指示安全或不安全的进入条件来保护仓库员工。红绿灯树与红绿灯类似，有一个红色灯（表示停止）和一个绿色灯（表示通行）。每个仓库门口都有一个固定在门口附近的内壁上的红绿灯树，而另一个固定在门口附近的外墙上。当外部指示灯为绿色时，司机知道门口是可以安全进出的；当外部指示灯为红色时，则警告司机停车，以及请勿使用拖车进出。内部红绿灯树的使用方式相同，因此，当码头门口出现红色指示灯时，仓库员工知道此时停在门口的拖车要进入是不安全的。搬

运工将拖车安全地固定在码头和门口，拖车准备装卸时，内部的绿灯会
向司机发出信号，表示拖车可以安全地进入。

保护工人和设备：站台登车桥、约束和保险杠

应当在每个仓库货运码头的门上安装码头保险杠，以防止拖车直接
接触仓库的墙壁（因为仓库的墙壁在设计上并不能承受 90,000 磅负载的
牵引车或拖车对其产生的影响），从而保持门道的完整性，同时保证搬
运设备和司机的安全。

当拖车放置在码头门口时，站台登车桥就是门口和拖车开口之间的
衔接桥梁，为升降机、工人或输送机创造了连续的表面，从而使拖车可
以方便地进出。为达到此目的，市面上出现了很多这类产品，但最安全
的产品之一可能是液压站台登车桥，它不像其他设备那样需要用叉车来
放置码头板以供使用，在不使用时还要将其卸下或存放。在装卸平台表
面和有轨电车表面之间，也会采用专门的坡道来形成平整的桥接。对于
机动车辆来说，要想将拖车固定到码头上并使其稳定，可以通过一种锁
存器或用钢结构设计成挂在拖车钢结构上的装卸跳板系统来实现。司机
应经常将挡轮作为一种额外的安全措施。

安全的产品搬运

一些升降机可以卸载双层托盘，而单双升降机可以同时搬运两个并
排的托盘，两者都可以用来提高将产品从拖车搬运到仓库的效率和装载

的效率。在搬运叉车和托盘产品的过程中，员工必须保持清醒的意识并谨慎行事。仓库内的人行道应使用醒目的地板涂料进行标识，并设置标态来指示仓库内的安全人行道。但是，叉车操作员在使用叉车搬运货物时并不总是停留在常规的路线范围内。实际上，根据产品和拖车的移动位置，他们可能会在整个厂房内采取不规则的路线。更加复杂的是，仓库活动可能会根据预定的收货和发货数量以及其他必要的内部管理职责而发生变化。例如，重新安排超量和损坏货物的位置，或处理有质量问题的货物（表示需要通过检查来确定处理方式）。

有执照的叉车操作员必须一直关注周围是否有正在移动或没有注意到叉车的人员。进出口货运量每天都在波动，某一时刻货物可能会占据某一位置，而下一时刻可能就是人员或设备占据这一位置。

但是，码头上的空白区域可能会很快装满产品，从而导致码头部分区域的可见性降低。设备本身不应该构成危险，但是，当正在快速移动的重型叉车和手动协助的托盘搬运车在同一区域内一起工作时，操作员必须清楚所有设备的尺寸大小。一分钟内，无人搬运车（Automatic Guided Vehicle, AGV）可能会占用之前用来运送工人的升降机，甚至是脚踏车的空间。与同一工作区内的其他设备相比，某些设备具有更好的可视性，并且在操作时提供了比其他设备更好的可见性。在检查货物并将其运入或运出仓库时，可能影响安全性的其他因素包括以下几个。

（1）收货员可能正在检查货物的数量和状况。

（2）货物托盘和叉车移动的过道之间的距离可能过近。

（3）多个升降机可能在同一码头空间内运行。

（4）货物托盘的移动可能会损坏纸箱，从而使得货物完整性受损，并导致货物移位和倾倒。

（5）在接收和上架货物时会存在时间压力。

（6）可能会在拐角处和狭窄过道内操作叉车。

（7）可能会出现吊运货物托盘进入高架存储槽的情况。

在参观一家装备齐全的新建糖果 DC 时，其中一位作者问 DC 经理，为什么过道这么宽？貌似狭窄的过道更有利于提高产品存储容量。经理解释说，DC 希望缩短上架和取出产品的时间，宽阔的过道允许叉车在设施中以最高的安全速度运行。对于过道岔口附近即将到来的升降机或人员、车辆，通道尽头的椭圆形后视镜可以进行快速且便捷的视觉警告。该策略奏效了：由于安全叉车速度的提高，上架和拣选流程得到改善，一定程度上提高了库存速度和库存周转率；由于收据的存放和记录更快，因此可用库存得到了改善；由于装运货物的时间更少，订单的履行周期缩短了。

最终结果是需要降低库存水平以满足现有客户的需求。这也意味着可以更有效地利用可用空间。管理人员必须仔细考虑仓库管理的目标以及如何以安全的方式实现这些目标。一般认为，速度较慢的叉车是较安全的叉车。但是，更宽的过道可以在提高生产率的同时提高安全性。

显然，仓库的工作和交通状况可能每天甚至每小时都会发生变化。上述内容虽然不是详尽无遗的，但说明了接收人员在移动或存放产品时密切检查货运是否有损坏或其他可能产生危险的货运条件的重要性。工人必须依靠身体的所有感官来识别工作场所中的任何潜在问题：例如，仔细观察不熟悉的仓库设备和货物周围的访客，因为可能无法预测他们的行为反应；聆听可能表示物体坠落或货物、设备和存储系统之间碰撞的声音。根据美国劳工统计局报告，从 2011 年到 2012 年，在所有工作场所因被物体或设备撞击而导致的员工死亡总数增加了 7%。正如短篇小说作家罗伯特·富尔格姆（Robert Fulghum）所写，我们真正需要知道的一切，我们在幼儿园就已经学过。尽管不是那么简单，但利用 5 种感官中的 4 种（味觉比较少用），就可以帮助仓库员工为自己和客户的产品创建更安全的场所。

无论是高度复杂的自动化 FedEx 文档分类和运输设施，还是 Hyundai 汽车的一线材料处理和装配线，人的感官都可以用来提高效率和安全性。例如，通过看板视觉信号处理过程可以警告物料补给操作员需要更多特定的 SKU。

如果看板或电子灯的视觉提示表明需要补给，则说明位于前线装配点的材料库存减少了，这种方式可以使材料及时到达需要的地方。与采用作业区和存储区的布局的作用相似，采用看板类型有助于将大部分劳动力从库存管理中解放出来。

安全提示

电子信息板为工人和生产监督提供了重要的信息，并在生产的特定时间点及时提醒员工。这样的信息板被安放在工厂的整个材料处理和装配过程中，例如，田纳西州孟菲斯的 FedEx 包装和文件分类设施，以及德国曼海姆的约翰·迪尔（John Deere）拖拉机装配厂。此外，一些工厂在整个工厂范围内都采用了可以探测到的声音和视觉提示，来提醒员工一些重要信息。在一个设施中，员工在指定的区域内工作。每组都有一个特定的歌曲旋律，该旋律会在需要提醒员工和管理团队已遇到问题时播放。播放歌曲时，每个人都能确切知道问题出在生产过程中的什么地方。基于感官的提示可以帮助物料在供应链中被安全地分段运输到生产前线。

视觉类型的提示

视觉类型的提示是一种感官提示，与工人在仓库空间范围内的视觉有关。如果访客和新员工不熟悉运行的仓库，则可能会无意间进入货运通道。叉车操作员在操作移动式升降机时必须始终保持警觉和敏锐的洞察力。背对着你或头转过去的工作人员可能不知道你在那里，或者无法预测你可能做出的反应。在仓库中会进行各种工作，比如文书工作，包括检查货物或进行库存周期盘点，这可能需要叉车操作员多注意。这些人员可能专注于产品文档，而不是周围的车辆。如果产品意外地出现在叉车操作员的移动路径中或在其周围移动时，则可能会导致事故。新产品可能会以不同的方式悬挂在托盘上，或为托盘装载创建一个较高的中心，从而出现不安全的情况。不熟悉搬运超大产品托盘的设备操作员，可能会在搬运产品时遇到困难，比如在其他货物旁边的角落移动货物，或将产品放置在指定的插槽位置。

其他视觉类型的提示包括但不限于以下几种。

（1）地板上的垫料可能会缠在叉车车轮上，被辗过的时候会卡在空中，从而有让人绊倒的危险。

（2）倾斜的货运托盘可能会掉落。

（3）地板上的液体可能会导致打滑或叉车出现机械故障。

（4）包装泄漏可能会使其他产品被污染，如果泄漏到地板上则可能有打滑的危险，或者可能会影响包装的完整性，从而导致货物倾倒。

声音类型的提示

声音类型的提示是一种感官提示，与工人在仓库空间范围内的听觉有关。听到不熟悉的声音可能表明存在一些自己没有意识到的访客或人员。当设备操作员听到他们不熟悉的声音时，为了安全起见，他们必须观察四周，确保没有他人靠近工作机械。若缺少预期的声音，则可能表明产品的位置与预期不完全相同。例如，当托盘被提升并放置在货架中的适当位置时，设备操作员可以将托盘的适当剩余部分放在货架的插槽位置内。缺少声音提示则可能表示产品托盘尚未到达插槽内的位置。这时如果尝试取下货叉上的物件，可能会在不经意间使升降机和货架上的托盘晃动，从而造成危险。来自产品罐、储罐或包装桶的嘶嘶声可能表明包装壁有裂口，可能会使产品泄漏。升降机上的货叉会定期与货物接触，这种接触可能会使货叉掉入可以保护产品的包装中。升降机操作员必须保持警惕以及时发现此类损坏，并在事故升级为危险前通知监管人员。

其他声音类型的提示包括但不限于以下几种。

（1）意外的机器噪声，可能表示存在机械故障或机器与产品或存储结构之间发生了碰撞。

（2）意外的高声响可能表示紧急情况。

（3）惊人的噪声可能表明货物坠落。

（4）喇叭声表示存在其他车辆。

（5）警报器、蜂鸣声或口哨声可能表示紧急情况。

触摸类型的提示

触摸类型的提示是一种感官提示，与工人在仓库空间范围内对产品的感觉或触摸有关。触摸到湿的包装可能表示产品泄漏。若仓库中发生产品泄漏，则有可能污染和损坏产品的工业和销售包装，从而导致其下方产品的损坏。众所周知，泄漏会软化瓦楞纸板包装的完整性，从而导致产品托盘倒塌和意外移动。

其他触摸类型的提示包括但不限于以下几种。

（1）湿滑的地板可能表明产品或机器发生了泄漏。

（2）移动设备时的阻力可能表示有意外的障碍。

（3）驾驶设备发生意外碰撞时，可能表示遇到了障碍物。

气味类型的提示

其他类型的提示还包括与气味有关的感官提示，这与工人在仓库空间范围内感受到的异味有关。闻到异味表示存在气体或烟雾，说明可能存在爆炸或火灾的危险。闻到了不应在同一时间或地点出现的气味，可能表明两种本来应该分开存放的产品放到了一起。密封不好的产品可能会污染附近的其他产品。制造商应向仓库管理员提供有关存储此类产品的说明，保证一种产品不会被另一种产品污染。无论如何，仓库物料处理人员、文员、普通工人和主管都必须注意不熟悉的气味，并查明其来源。尽管这些气味可能不会立即对人员造成危害，但难闻的气味表明可能有鼠害问题，甚至是虫害问题。

尽管要一直留意和识别仓库中有关危险的提示，但通过培训人员对于仓库环境异常的感知和认识，可以提高工作场所的安全性。事故仍然可能发生，但是培训和意识的产生可以帮助减少事故的威胁和发生的可能性。

安全拣货和补货

第 4 章讨论了产品布局。制定存储区和作业区拣货流程的策略，有助于仓库管理员将库存和工作人员放在能够最大程度互动的最小区域内。对于交付订单和装载拖车，位于运输码头附近的作业区有助于有效转运要运输的产品。通过让大部分劳动力待在作业区拣配和运输区域内，从而远离库存储存区域，可以保证工作区域的相对安全。补货操作员应该是唯一一名将产品从储存区转移到作业区拣配处的产品操作员。培训特定人员以执行补货操作，有助于保证工人和产品的安全。当某样东西的外观、声音、触感或气味不正常或未达到预期时，那些特定区域的拣选人员对感官提示的反应会更强烈。

当自动化辅助机器与员工工作的地点相同时，环境会变得更加复杂。但是，复杂的 AGV 配备了视线激光传感器，其可以在仓库中安全地导航AGV，让产品通过。安全传感器扫描 AGV 路径中的障碍物。当物体进入不安全的通道时，AGV 会自动停下来。类似的问题还有人员和输送机、传送带和其他自动化产品的移动和存储设备处于同一位置。传送带上装有传感器，可以帮助人员识别何时处于危险之中。

仓库管理系统通过将叉车操作员引导至离操作员最近的下一站，从而提高某些操作环境中的效率。在操作员将分配给他们的产品移动工作完成并确认后，便会建立指令。复杂的算法会考虑到其他员工和设备的位置、所执行的工作以及要完成的其余工作任务，然后为仓库分配下一个工作效率较高的叉车操作员。

任务交叉有助于减少操作员的移动时间，并能够有效地执行各种工作任务。一次移动可能需要设备操作员将收到的产品托盘放入仓库的储存区。通过计算机系统内的电子验证确认移动已经完成后，操作员会被分配另一个任务，该任务会根据他当前在仓库中的位置而确定。下一任务可能需要操作员从仓库中取出破损的产品托盘，并将其运输到 OS&D 区域进行返工并重新包装到拆卸纸箱中。

任务交叉的潜在问题在于，叉车操作员必须熟悉仓库中执行各项任务的区域。按区域实行任务交叉策略有助于提高设备的效率，同时确保库存完整性、安全性和生产率。在实行任务交叉策略来分配叉车操作员的职责后，一个DC发现卸货拖车的生产率下降了。当被问及这个问题时，升降机操作员解释说，他们不能再通过拖车卸货来评估自己的生产力了。事实证明，负责接收的升降机操作员一直在进行一场良性的竞争，看谁可以在每个班次卸载最多的拖车。而任务交叉策略妨碍了这种良性竞争的进行。DC的经理意识到这一点后，就不再针对叉车操作员卸下拖车的工作实行任务交叉策略了。其余的物料和产品处理人员仍在实行任务交叉策略。

安全的产品暂存

无论是入库装运还是出库装运，装卸平台都可能随着产品类型和数量的变化而变化。为了保证装卸码头的安全管理，通常要求承运人的司机检查并清点他们收到的货物。过路的司机可能不熟悉设施和装卸码头，因此安全可能是一个问题。此外，暂存的货物数量可能会有所不同，相应的司机、叉车操作员、收货员、发货员也可能会有所不同。

存在几种可以减少人员（例如仓库人员或运输人员）与货物接触的策略。例如，制定一个 SLC 程序，仓库负责清点和装载货物，而无须出库承运人检查货物。这不仅简化了装载过程，还有助于提高装卸码头的安全性，因为在货物装载过程中无须运输人员在装卸码头上。也许更好的策略是与承运人、托运人以及仓库的运输部门合作，设计安全的托运拖车程序。因为可以在工作量较小的期间完成拖车装载，在此期间只有较少的升降机会运行、较少的承运人负责清点和实时装货，所以安全性得以提高。装载后，承运人可以在非高峰时段安排拖车取货，从而最大限度地提高司机和仓库管理员的安全性和工作效率。

如今已经证明，将 RFID 标签技术应用于仓库内的产品处理工作中，有助于提高生产率和安全性。当不再需要检查员、升降机操作员或卡车司机对产品进行清点时，安全性就得以提高。当产品托盘通过由天线激活标签组成的 RFID 标签阅读器时，RFID 标签会被识别，阅读器会记录与产品向拖车内移动有关的数据。RFID 标签和相应的阅读器可以完成产品检查的任务，这样就减少了在装货区域内对资源或搬运人员的需求，从而使安全性得以提高。

将产品托盘按顺序装载到拖车上，可避免升降机操作员在托盘里面翻找才能找到下一个货位的情况。对于全球品牌服装营销商而言，有效的暂存区域包括区域内的建筑负载，因为这些负载会出现在拖车内。简化的过程可以消除与暂存产品相关的延迟或停留时间。完善的运输流程允许叉车操作员直接从存储插槽位置进入拖车内。可以使用固定在叉车上的 RF 技术或先进的 RFID 标签技术来提高效率和安全性。对仓库内 RFID 技术收益的研究，揭示了该技术与员工安全之间的相关性。

保护产品

从本质上讲，仓库环境将人员、产品和机器结合在一起。内部员工和外部服务供应商经常在有限而变化的空间中一起工作。因此，了解影响工作场所内产品的安全性的因素是至关重要的。

偷盗与行窃

产品的安全性包括防止偷盗与行窃。简单的偷窃像把糖果条从存储盒中取出并当点心吃掉的小动作（在包装食品配送中将其非正式地称为 Grazing）；还有一些更复杂的偷窃计划，比如劫持装有昂贵电子设备的拖车。仓库偷窃虽然不是一个特别积极的话题，但必须意识到这一点，并培养一种旨在保护公司和员工的利益的公司文化。

一个私人管理的 DC 存在一个问题，该 DC 致力于将产品存储并转移到东南部的普通产品零售商店（基于一位作者与 DC 经理的讨论）。对于公司来说，员工盗窃是一个代价高昂的问题，所以才会安排安保人员守在建筑物的出入口。在报到上班和轮班结束时，员工需要接受金属探测器的检查。

不用说，DC 的工作文化必须改变。通过搜索和筛选程序，可以立刻解决眼前的问题。但是，长期解决方案是要让管理层帮助员工认识到，无论多么小而且看似微不足道的盗窃行为，实际上都与整个员工队伍的加薪或降薪水平有关。管理层建立了一个视觉显示器，显示与设施内部盗窃相关的美元金额条形图。员工对累计的金额感到震惊。每次盗窃一小笔，最终可以累计至盗窃了 100,000 美元。

在实际的 DC 中，管理层随后会向员工发出警告，称由于内部盗窃而损失的资金，将导致员工加薪方面也会遭受同样的损失。员工们知道了情况的严重性。DC 内的盗窃事件大幅减少，筛选和检测器设备最终被拆除，员工也获得了加薪。通过讨论、教育和设定期望改变了整个 DC 的工作文化。甚至是员工在休息室未经允许就拿走了另一名员工的午餐的情况，也大幅减少。即使是盗窃一笔很小的财产，公司也会解雇这名员工。员工开始关心彼此和公司的利益。整个 DC 开启了一场对员工盗窃零容忍的运动。

供应链各个节点中产品被盗的故事不计其数，包括有组织的盗窃货物；或者承运人故意收取本非他的货物（即产品过剩）。承运人收到超量的货物，但故意不报告并保留这些额外的未记录的货物，这被称为"制造"产品案例。当承运人与托运人之间存在敌对关系，并且承运人感到不公平或受到压倒性的货运索赔时，欺骗行为可能会升级。一位作者拜访了他以前就职公司所在的供应链网络内的一家运输公司，结果发现该公司的一家大客户，其产品纸箱被存放在该公司交叉货仓的后面。承运人没有将积压的货物退回公共仓库，而是把他们存储起来。如果承运人收到了关于丢失产品的索赔要求，则承运人将退还相同数量的超额费用，并与托运人或仓库进行协商，使超额费用可以弥补不同的 SKU 丢失而造成的损失。

承运人可能会发现相似的物品是在无意中拣选和装载的，从而导致一个 SKU 的数量过多而另一个 SKU 的数量却不足。如果产品在使用功能和应用方法上相似，则客户通常会同意使用替代产品。但是承运人的做法是错误的，因为它存储了未知的超量货物，只是为了保护承运人免受未来产品短缺的影响。

产品盗窃的范畴可以有更广泛的定义。以下是对可能出现的一些情况的简要列举。

（1）仓库工人与外部卡车司机合作，将货物留在入库拖车上，但在提货单和交货收据上注明已收到货物。

（2）停在码头门口的产品纸箱被转移到员工停在停车场中的汽车上。

（3）将产品纸箱从仓库中移出，藏在树丛中或拖车、有轨电车或其他视觉障碍物（例如垃圾箱或回收压实机）后面。下班后把这些藏起来的产品拿走。

（4）明知用价值更高的 SKU 替代了价值较低的 SKU，但未在提货、检查、装载或运输单据上记录产品替换情况。

尽管仓库和 DC 内可能存在无数关于盗窃的故事，但也许可以采取一些核心措施来避免被盗。这些措施需要管理人员、仓库内的员工以及与仓库员工和产品接触的运输商等人的共同努力。

首先，就像改变了公司文化的 DC 一样，管理人员和员工必须认识到，他们都具有高尚的品格，并且对盗窃和欺骗行为零容忍。针对工厂内所有级别的员工，以及任何可以进入工厂或场地的人，都要培养和鼓励其道德、伦理和法律上的行为。尽管已有研究表明管理仓库操作环境和人员的重要性，但道格尔迪（Daugherty）等人在一本物流期刊中发表的有关人员问题的研究发现，高级供应链专业人员认为，向他们报告的管理者具有较高的诚信属性。但是，这些期刊中的研究都没有直接涉及采取措施以减少前线部门员工的盗窃行为。凯勒（Keller）和奥兹门特（Ozment）在主流物流期刊中发表了有关物流人员的研究。

应该要求员工单独进出门。员工应该明白，其他所有门道均应予以保护（根据消防法规），并且仅用于紧急情况。只能在拖车占用期间打开码头门，并且应在拖车从码头离开后，将门降低，并点亮适当的停止或通行灯。干净的区域有助于打造更安全的工作场所。指定和限制专门的区域用于放置垃圾箱和回收箱。尽管可能难以利用，但应将垃圾箱放置在远离入口处的位置，这样产品就不易倒入垃圾箱，只能稍后再从设备中取出。同样，除运送拖车外，其他车辆应远离仓库入口和出口，即使在紧急情况下也应如此。安全的人行道应标明安全的行走路径和人行横道，以供员工和访客进入厂房。

产品返工区域应禁止非指定人员进入。裸露的产品通常驻留在OS&D区域内，并且容易被窃取。实际上，损坏的货物在等待处置或返工时，应该放置在偏僻的位置或插槽中，这些位置或插槽是对产品的上架和拣选效率影响不大的。在门上方的夹层空间内不适合做其他工作，可能只适合存储需要返工的产品。

暂存的运输设备应充分照明，并且应在未靠着码头放置时，将拖车门关闭，以免员工偷拿了免税的货物，并将它们藏在仓库后方的铁路货车车厢里。

同样令人关注的是，当你坐在仓库的货运站时货物被盗的情况。文件应标明货物进入码头时，拖车或集装箱的封条号码和密封状况。交货收据和提货单副本上的签章应表明故障并非由承运人引起的，盗窃是发生在仓库内部。

损坏

产品损坏主要发生在运输过程中搬运货物、卸货过程中搬运产品、任何停车取货点，以及将其堆叠或放置在货架上的时候。如果产品和其他产品的间距非常狭窄，那么移动产品通常会导致一个托盘与另一个托盘连在一起。在移动过程中，可能某个托盘会被想要移动的托盘拖动，从而导致司机和产品都处于危险之中。

将产品托盘提升到第二个插槽位置的高度时，需要操作员从视觉上预估产品何时从插槽位置的底部滑出。仓库中的光学技术，可以允许升降机利用光学扫描仪识别货物托盘何时离开槽口，以及将货物向前放入槽口是否安全。如图13-3所示，程序化的AS/RS，可以利用扫描仪和程序化提升设备的功能来实现常规且恒定的准确性。

图13-3　AS/RS

仓库内的流程控制需要一个有组织的工作场所。产品放置不当会对产品和人员造成危害。拥有井井有条的产品流和存储策略以及整体设施布局，有助于保持熟悉的产品位置，并减少过道和相交路径中的产品。

搬运产品所用的设备也可能造成损坏。例如，一个装卸码头的运输棚操作员负责卸下大量进口纸张，这些纸张将用于印刷报纸。由于没有足够的真空吸盘装置来满足生产的需要，因此，设备操作员决定使用放置在其升降机上的夹具来夹起和抬起纸卷，并将它们运送到转运仓库。不幸的是，设备操作员没有足够好的技术，因此在夹持材料时施加了太大的压力，从而导致纸张上有 5 英寸的裂缝。整整 5 英寸厚的纸也都损坏了，无法使用。由于纸张太薄并且紧紧地缠绕在卷轴上，因此大量的纸材料都被损坏了，损坏费用高达数千美元。夹紧装置可能会将包装在标准型瓦楞纸箱中的轻产品压碎。尽管推拉式夹紧装置抓住了滑片，并将轻产品的托盘拖到货叉上，但它们经常会钻入底部的纸箱并损坏产品。

设备操作员的培训和技能发展，有助于保护产品免受操作错误的影响。此外，根据产品的处理特性来选择合适的物料处理设备也很重要。

水与火

存放地点可能会使产品暴露在易受火灾和水害的环境中，法律上可能对存放地点要求得更多。有些氧气瓶可能会对大功率灯泡发出的高温辐射敏感。管理人员在将产品存储到设施之前必须充分了解产品的敏感特性。

在一次事故中，一名经验丰富的机械师在为期 3 天的假期中不小心打开了水龙头。软管连接到水龙头，但软管上的喷嘴处于关闭位置，因此水看起来已经关闭了。水的压力导致软管破裂，整个仓库地板都是水，并持续了 3 天。糖替代品被存储在工厂中，瓦楞纸箱吸收了水分，并在较高的堆叠纸箱的压力下开始倒塌。

地势低洼的洪水区域可能对存储产品有害。因此，潜在的租户或建筑商必须保留与该区域之间的分区，以及查阅该地区水位上升和洪水泛滥的相关历史文件。近年来，由于洪水、暴雨和飓风造成河水泛滥的情况众多，因此位于河堤附近的厂房面临的风险是很高的。

害虫侵扰

某些产品的另一潜在威胁来自昆虫的侵扰。进口的林木产品必须检查是否存在蛀食木材的甲虫，如果这些甲虫进入某个地区，可能会破坏该地区的整片森林。放有进口产品的托盘可能也会藏有有害昆虫。隔离托盘是阻止有害昆虫进一步扩散的第一步。熏蒸和销毁源头非常重要。仓库管理员和检查员应了解被感染的产品或包装的迹象，并取出样品进行检测，找出被感染的产品或包装。

人身安全措施

产品和人员的安全保障通常需要通过物理隔离手段实现。尽管美国海关不要求用内部围栏隔离进口的尚未通过海关检查的产品，但在仓库内不提供隔离栅栏区域来保护产品所产生的后果，通常最终由仓库管理者负责。例如，在申请启动 FTZ 的最后阶段，一名海关人员强烈建议建造这样一个围栏。这样的围栏将限制公共仓库的空间利用率，而该空间还没有被客户的进口产品占用时，通常是用来存放其他的客户产品的。他们向地区海关提出申诉，要求批准仓库选择是否建造围栏以确保进口货物的安全。但是，该地区办事处在来信中明确指出，从 FTZ 进口或未清关的产品的任何损失或误运，将从仓库保证金中扣除相应罚款。

安全围栏通常用于将高价值产品与仓库中的其他货物隔离开。对于免税货物而言，它们也被放置在一个有安全围栏且上锁的仓库固定区域内。即使提高了围墙的安全性，也可能发生盗窃。其他物理安全措施可能包括自动打开和关闭的入口，这会在仓库区域之间形成围墙屏障。警报系统可以提醒管理人员紧急出口已被打开，这是另一种可以采取的安全措施。

尽管这里的讨论难以涵盖所有仓库中重要的安全问题及相应措施，但是本章说明的潜在危害，包括但不限于盗窃、损坏、虫害、火灾、水灾。最重要的是，仓库管理和监督人员有责任向所有员工传达相关理念，并建立一种持续的文化，让大家了解违反安全条例的负面影响，并建立一支愿意保护工作场所的员工队伍。在俄勒冈州的一个沿海仓库中（该仓库主要负责支持消费型纸制品的生产），管理人员站到一旁，让员工们召开安全会议。当提出安全问题时，员工们互相分配任务来研究这个问题，并提出可行的解决方案，使工作场所更安全。在下一次会议上，被分配任务的员工向大家汇报他们的发现。建立一个大家相互负责、监督并对每个员工负责的工作场所，可以确保工作场所的安全。

供应链安全的重要性日益提高。研究表明，企业面临的安全威胁最大。供应链中的各个节点都可能成为受到威胁的目标，或者物流资产可以用作武器运载系统。据悉，仓库安全成本已达到每平方英尺 2 美元。如

图 13-4 所示，业务优先级和安全优先级之间通常存在冲突。

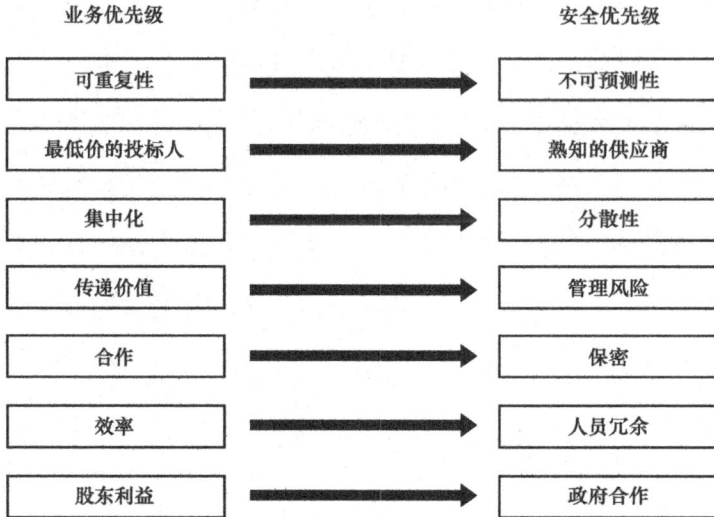

业务优先级		安全优先级
可重复性	➡	不可预测性
最低价的投标人	➡	熟知的供应商
集中化	➡	分散性
传递价值	➡	管理风险
合作	➡	保密
效率	➡	人员冗余
股东利益	➡	政府合作

图 13-4　业务优先级和安全优先级之间的冲突
（由 Doug Voss，2006 提供，第 25 页；另见 Sheffi，2001）

　　谁愿意为安全成本支付费用，以及供应链合作伙伴何时最有可能挺身而出的问题仍然存在。价格和可靠性在争夺资源时竞争激烈，但对于这些资源也需要提高供应链安全性。那些幸免于安全漏洞的公司更愿意做出权衡，并在更多的安全措施上投资，以免重蹈覆辙。

小结

　　人员安全和产品安全是仓库运营的基本组成部分。在不影响运营效率和底线的情况下，两者都不能忽略。仓库经理必须在这两个方面定下基调，并每天进行相应的控制。制定适当的程序，保持不间断的警惕以及不断地对人员进行标准培训，有助于在安全方面维持良好的秩序和纪律。确保产品、基础设施、设备、人员和公众的安全，是所有供应链合作伙伴要考虑的重要问题。供应链中谁将承担增加安全性的成本，仍待商榷。但是，这一切都不能靠运气，相关部门或人员必须积极且持续地应用本章讨论的措施来确保工作场所的安全。

推荐阅读

［1］ Akerman K. B. Practical Handbook of Warehousing[M]. 4th ed. New York: Chapman and Hall. 1997: Chapter 22.

［2］ Daugherty P.J., Lusch R. F., Myers M. B., and Griffith D. A. Linking compensation and retention[J]. Supply Chain Management Review, 2000, 4（4）: 64-72.

［3］ He Y., Wang J., Wu Z., Hu L., Xiong Y., and Fan W. Smoke venting and fire safety in an industrial warehouse[J]. Fire Safety Journal, 2002, 37（2）: 191-215.

［4］ Keller S.B. and Ozment J. Research on personnel issues published in leading logistics journals[J]. International Journal of Logistics Management, 2009, 20（3）: 387-407.

［5］ Martens B. J., Crum M. R., Poist R. F. Examining antecedents to supply chain security effectiveness: an exploratory study[J]. Journal of Business Logistics, 2011, 32（2）: 153-166.

［6］ Sheffi Y. Supply chain management under the threat of

international terrorism[J]. International Journal of Logistics Management, 2001, 12（2）:1-11.

[7] Swartz G. Warehouse Safety: A Practical Guide to Preventing Warehouse Incidents and Injuries[M]. Lanham, MD: The Rowman and Littlefield Publishing Group, Inc. 1999.

[8] Tompkins J. A. and Smith J. D. The Warehouse Management Handbook[M]. Raleigh, NC: Tompkins Press. 1998.

[9] Voss M. D. The Role of Security in the Supplier Selection Decision, Dissertation, Michigan State University.

[10] Voss M. D., Closs D. J., Calantone R., Helferich O. K., and Speier C. The role of security in the food supplier selection decision[J]. Journal of Business Logistics, 2009, 30（1）: 127-155.

[11] Williams Z., Lueg J. E., Goffnett S. P., LeMay S. A., and Cook R. L. Understanding supply chain security strategy[J]. Journal of Transportation Management, 2012, 21（1）: 7-25.

[12] Williams Z., Ponder N., and Autry C. W. Supply chain security culture: measure development and validation[J]. International Journal of Logistics Management, 2009, 20（2）: 243-260.

14

设备和信息技术

通过采用 WMS、运输管理系统（Transportation Management System，TMS）和目前市场上现有的其他信息管理工具，管理人员可以利用当今集成信息系统固有的数据准确性和计算能力，来更好地应对变化。这样还可以提高效率和降低成本。

介绍

选择 WMS 之前，必须明确其定义并理解运营目标和公司目标。首先，必须明确具体的仓库需求和客户要求。本章将讨论 WMS 提供的优势，并提供用于选择最合适的 WMS 的分析工具。本章还将介绍支持仓库运营的其他技术因素以及各种类型的设备，并阐述采用适当的技术的好处。

如果不考虑可以实际应用的仓库技术（如信息技术或机械技术），就无法对搬运和存储设备进行详细的讨论。例如，现在可以手动或机械地完成将箱子绑定为一组的简单过程，可以将拉伸包装纸或透明薄膜包装纸包裹在托盘纸箱周围。可以在生产线末端将工业尺寸的塑料颗粒袋进行密封、码垛和拉伸包装，而无须人工干预。在供应链的下游是相同的材料，但现在已加工成汽车零部件的成品，也可以进行机械拉伸包装，以在运输到最终的汽车装配厂的生产线时提供保护。自动化和机械化的码垛和拉伸包装可以帮助减少与劳动力、包装材料以及由于包装不均匀而造成的纸箱损坏有关的成本。

机械技术的发展已从生产线扩展到了仓库和 DC。仓库中的机器技术和信息技术可实现传统职能部门之间的内部集成，以及仓库与供应商和客户之间的外部集成。

WMS

一位作者回忆说，他之前学会了合并货运负载，以便仓库可以为客户节省运输成本。单独运输时，单个客户订单的数量可能只适合使用 LTL。但是，合并多个客户的订单使仓库获得了卡车运输所需的经济效益，与单独装运的 LTL 成本相比，合并后每运输 100 磅（1 磅约为 454 克）的产品费用较低。仓库越准确地确定和安排合并订单，其合并服务所获得的利润就越高。

安排仓库的每日合并订单时，可能需要数小时的烦琐工作来评估以下每个订单的合并因素。

（1）要求的发货日期。

（2）要求的交货日期。

（3）目的地邮政编码。

（4）货运分类（与处理特定 SKU 的难易程度和成本相关）。

（5）重量。

（6）立方尺寸。

（7）危险警告。

（8）客户说明。

（9）发货人或收货人的任何特殊说明。

目标是将尽可能多的订单合并，尽可能提高总成本效率和准确性。显然，即便优化手工计算的能力，也不会使仓库在未来具有竞争力。调度员和程序员需要 3 个月的时间，以建立一个专业系统来执行整合决策。

今天的技术能力使公司能够比手工操作更快地进行此类优化分析。在前面的示例中，手动系统可能需要 1 ～ 3 小时才能完成合并。准确性和时机取决于人工调度员的技能以及订单输入系统的速度。借助当今的执行系统（例如，图 14-1 所示的 WMS）和整个企业范围内的 ERP 系统，管理人员可以对与每日、每周以及每月的运营需求、资源和限制相关的多个场景进行假设。随着客户、承运人、资源或过程条件的变化，规划人员和管理人员可以利用当今集成信息系统固有的数据准确性和计算能力来更好地应对新出现的情况。

图 14-1　在仓库中使用的 WMS

用于指导仓库中的决策和操作的信息管理系统，可以是公司开发的程序，可以是公司的 ERP 系统提供的应用程序，也可以是与公司现有的

ERP 系统进行集成信息交换的独立系统。除了传统的现场服务以外，现在还有基于 Web 的 WMS 应用程序，其带有云计算和存储功能。

当然，在评估和选择供应商和产品时，拥有或使用复杂的集成 WMS 软件的总成本是一个需要考虑的重要因素。但是，同样重要的是，需要明确仓库或 DC 的需求，以便选择合适的 WMS 来提供合适的功能。此外，尽管存在独立的劳动力管理系统和码头管理系统，但当今很多领先的 WMS 产品在其软件中也提供了这些功能。

WMS 购买决策中必须考虑的成本包括但不限于，必要的硬件和网络机器成本、软件和用户许可成本、用户教育和培训成本（用户数量也可能影响整体定价）、实施成本、技术支持成本，以及与当前和将来的定制需求相关的成本。当然，这些费用与 WMS 供应商有关。公司还必须量化与人员成本相关的内部成本，从而研究备选方案、培训期间的员工和监督成本，以及与新系统软件的启动实施相关的学习曲线成本。

选择 WMS 之前，必须充分了解公司和运营目标，还必须明确定义客户需求和仓库操作需求。供应商评估期间，必须考虑流程和组成流程的各项活动。诸如此类的关键信息有助于确定对于实现公司和客户仓储目标最重要的仓库功能。WMS 提供了与管理仓库操作的主要流程有关的各种功能。从利用提前装运通知（Advanced Shipment Notifications，ASN）到分配接收门，WMS 有助于减少制定提高流程效率和资源利用率的运营和战术决策时的猜测。两者都有助于提高质量、降低成本。收货、补货、拣货和出货，运输管理，订单履行和库存管理，劳动力管理，以及其他功能共同实现了高效的订单履行流程。

1. 收货功能

收货过程依赖于入库的 ASN，从而可以评估先进的人工和设备调度。该过程根据劳动力、设备和码头门的可用性为承运人提供预约服务。WMS 必须根据装载内容、SKU 的位置、订单和库存可用性来进行文档验证，并分配合适的接收门，从而确定交叉转运的时间。物料搬运人员可以立即获得准确的插槽位置，来放置接收到的部件。WMS 的功能包括提供客户驱动的标准决策规则，确定退回产品的处置方式；在人工、设备和码头门允许的情况下，容易识别落下的拖车（装好的或空的），并将其派往出口或进入卸货和收货流程。RFID 技术已被证明可以显著提高收货过程的效率。本章后面的 "RFID 标签和条形码技术" 部分对此进行了讨论。集成 RFID 和 WMS，可以为管理人员提供准确信息和知识，从而做出低成本和有效性强的决策。

2. 补货、拣货和出货的功能

WMS 考虑了旨在提高库存周转速度的补货水平。保留储存位置，并监控拣选作业区的情况。操作员会收到下一个 SKU 插槽分配的动态指令。通过这种方式，WMS 可以确保准确的产品轮换和有效的物品放置，从而进行拣配。

不同的产品会影响仓库内的库存布局。此外，还将评估订单需求和 SKU 特性，以确定合适且成本效益高的拣货和出货组合策略。

空间、设备和人员的容量可用性可能使分批次拣货成为仓库的最佳策略。WMS 可帮助优化和安排拣货批次，通过给员工分配管理区域的拣货策略并生成发货文档，以提前通知客户并将其文档放入发货纸箱中。

3. 运输管理的功能

经理必须依靠他们对客户和产品的了解、装运特性（例如重量、体积、目的地、装运和交货日期）以及其他对于按时装运和交货来说至关重要的信息，来下订单或装运。WMS 可能具有路线功能，或者可以与 TMS 集成，以简化运输过程。运输管理需要优化对模式和承运人的选择，以及优化装载构建配置，甚至通过多个单独的订单建立起合并装载系统。

WMS 的运输管理功能可能还包括，根据最优惠的运费率把运输订单分配给承运人，但还要根据承运人的服务水平进行加权。运费是利用评级函数来计算的，WMS 将存档的货运数据和运价（商定价格）与货运单上的付款信息进行比较，从而对货运单进行审核，再进行付款。通过提供电子原始单据信息、授权记录、收据签名、运输信息和某些成对的单据审核功能，索赔管理会变得更加容易。

4. 订单履行和库存管理的功能

从简化订单的数字订单交易，到周期盘点和管理年度实地库存，WMS 可以管理复杂且动态变化的库存和订单。使用 WMS 还可以有效地完成信用检查和可用库存检查。

5. 劳动力管理的功能

影响仓库分配劳动力的决策变量可能包括周末、假日和计划休假的可用小时数。此外，WMS 会记录员工的技能和生产力水平。一些机器操作员可以只简单地执行一项任务，例如拖车卸载，而其他任务则可以通过任务交叉来完成。管理人员可以通过 WMS 将适当的工作分配给适当的员工，再根据工作的繁重和轻松的情况，将工作量更加公平地进行分配。一个先进的 DC 在休息区放置了自助服务机，供员工登录自己的账户来安排休假时间、确认自愿从事额外工作、安排培训，甚至提出建议或投诉。自助服务机还向员工提供有关公司和员工福利的最新消息。

WMS 供应商的选择

显然，WMS 满足特定仓库需求的能力越强，产品流经工厂出现问题的概率就越低，成本也相对越低。当然，WMS 程序不是免费的。研究潜在的 WMS 供应商和软件本身需要花费时间。初步确定后，RFI 将是一个很好的起点。信息可能包括供应商的产品进行的在线或现场演示。但是，在此之前，经理必须从员工和经理那里获取内部信息，明确与仓库运营相关的重要职能。通过向潜在的供应商提供此信息，他们将能够更好地解释和说明他们的软件将如何满足仓库的特定需求。加权评分过程可以根据标准的重要性来比较供应商，并确定排名靠前的潜在供应商。

跨职能团队很可能会负责评估供应商，并向高级管理人员推荐前两名或前三名的供应商。层次分析法（Analytical Hierarchy Processing，AHP）是一种工具，它在选择标准之间进行两两比较，然后根据每个选择标准，在候选供应商和 WMS 之间进行两两比较。分析的结果可以使评估小组得出以下结论。

（1）优先级最高的标准到优先级最低的标准的排序。

（2）在每个单独标准上得分最高到最低的供应商排名。

（3）考虑所有条件后，按总体上从最高到最低的顺序为供应商进行最终排名。

AHP 允许根据多个选择标准来比较多个供应商。它允许进行主观和客观的数据分析，在尝试量化多个定性变量并促进小组决策时特别有用。

您在自己的日常生活和职业生涯中也会进行这些分析。一个即将毕业的学生要从 4 份工作中选择 1 份工作时，就会开始思考对他来说最重要的判断标准。工资、福利、工作地点、工作本身、公司声誉、晋升制度、休假时间，以及其他可能考虑的因素。如果每个职位的选择标准均不同，那么在 4 个职位之间进行选择的任务就会变得更加复杂。这种比较可能会让人沮丧。把比较标准和公司都写下来，再通过加权评分的方法进行比较，这个毕业生可以更好地了解哪些因素更重要，哪些公司在这些重要因素方面的表现更佳。

利用 AHP 协助 WMS 对供应商进行多职能评估，是进行筛选决策过程中的重要一步。团队成员必须明白，结果是团队的看法，反映了团队成员的整体意见。如果加入其他员工则可能会改变结果。此外，结果是根据分析选用的判断标准和供应商特点所得出的，而没有考虑这些分析之外的其他标准或供应商，例如以下内容。

（1）确定 AHP 分析的目标和首选供应商（不仅仅是最低成本或最快交货）。

（2）确定主要标准和相关权重。

（3）必须考虑供应商可以提供的价值（两两对比），并在每个维度上为每个潜在的供应商评分。

（4）合并各维度上的评分以产生总体得分。

（5）指出标准的相对重要性。

（6）创建一种方法，使用多个标准对备选方案进行优先级排序。

（7）促进团队决策。

（8）确定条件是否可能相互冲突。

（9）尝试获取主观和客观标准。

图 14-2 包含了 WMS 的选择标准的权重，图 14-3 包含了对 WMS 供应商的比较，图 14-4 包含 WMS 供应商的最终排名，它们共同阐释了选择供应商的 AHP 方法。尽管该示例很简单，但实际应用中可以类比增加更多变量和更多供应商。假设 WMS 评估任务团队由仓库操作人员组成，包括升降机操作员、库存管理员、收货员、仓库部门主管、运输管理员、市场和销售代表、会计主管、信息技术专家，以及来自仓库运营、货运和人力资源部门的 3 名经理。这个由 11 人组成的团队包含客户、一线员工、经理和其他部门的代表，他们是决策的潜在利益获得者。

该示例中出现了 4 个选择标准和 4 个 WMS 供应商。第一步是将某一标准与另一标准进行比较，然后重复该过程，直到所有标准都两两比对完成。您的比较系数应从 1 开始，以指定相等的优先级。例如，对于标为"功能"的标准，当与自身进行比较时，它具有同等重要性或同等优先级。因此，将系数 1 输入矩阵单元，其位置是标记为"功能"的行与标记为"功能"的列相交的单元格。您会在图 14-2 中注意到此数据。因为这一关系对于每个与自身进行比较的标准都成立，所以在对角线上相交的单元格都是 1。

由于选择 WMS 供应商需要评估软件功能、易用性、培训支持、激活和售后服务支持，以及供应商（品牌）的质量声誉等，因此本例中选择了其中的 4 个标准。实际上，也可以选择其他标准。AHP 在比较各个特征的重要性排序方面是非常有用的。

必须使用一定的度量标准来对标准之间的数值比较。在此示例中，使用了 10 分制，最低得分从 1 开始（表示"同等重要"），最高得分设置为 10。完美的 10 表示一个条件相对于另一个条件来说是"极其重要"的。

尽管该示例使用 10 分制，但是该小组本来可以使用 1 ~ 100 分制来进行评估。在图 14-2 所示的原始矩阵中，你可以看到，供应商提供的 WMS 功能的重要程度是该软件的易用性的两倍（2）。在对角线下方，你会在相交的单元格中看到两个标准的倒数值（1/2），这表明软件的易用性的重要程度仅是所提供功能的 1/2。完成各个标准的两两对比之后，须将各列加总。

选择标准的权重						
两两比较矩阵和计算：评估标准 原始的标准矩阵						
	功能	易用性	支持	品牌		
功能	1	2	4	3		
易用性	1/2	1	3	3		
支持	1/4	1/3	1	2		
品牌	1/3	1/3	1/2	1		
每列总计	25/12	11/3	17/2	9		

B.调整后的标准矩阵

$$1/2 \div (25/12) =$$

	功能	易用性	支持	品牌	权重（每行平均值）	排名
功能	(12/25	+ 6/11	+ 8/17	+ 3/9) ÷4 =	0.457	1
易用性	6/25*	3/11	6/17	3/9) ÷4 =	0.300	2
支持	3/25	1/11	2/17	2/9) ÷4 =	0.138	3
品牌	4/25	1/11	1/17	1/9) ÷4 =	0.105	4
				总计	1.000	

*用原始矩阵(1/2)中的"易用性"除以"功能"得到条目7。

图 14-2　WMS 选择标准的权重

将每个单元格的数值除以其所在列的总和，表示该单元格占所在列总和的百分比。对每个单元格和列总数执行此操作，并将结果输入到调整后的矩阵中。图 14-2 说明"功能"列中的第一个单元格（1）除以列总数（25/12）等于 12/25。计算每个调整后的矩阵单元后，比较各个标准的最后阶段是针对每一行求平均值。在进行两两分析之后，结果表明，在此示例中，选择 WMS 的最重要的标准是软件内置的功能，其权重为（12/25 + 6/11 + 8/17 + 3/9）×4 = 0.457。可以检查一下，各个结果的权重总和应为 1.000。

到目前为止，应该很容易看到 AHP 最好是在电子表格中进行，以便可以轻松执行大量数据的计算。增加更多的变量意味着增加更多的计算。

在计算了标准权重和排名之后，下一步是再次进行精确的比较、计算，但是，这一次是在同一个标准的情况下，将不同的供应商进行比较。

图 14-3 说明了 WMS 软件供应商的比较过程和结果。供应商 D 排名第一（0.563），其次是供应商 A（0.297）。

WMS供应商比较					
供应商的两两比较矩阵和优先级					
	供应商A	供应商B	供应商C	供应商D	
A.关于功能					
供应商A	1	5	6	1/3	
供应商B	1/5	1	2	1/6	
供应商C	1/6	1/2	1	1/8	
供应商D	3	6	8	1	
每列总计	4.367	12.5	17.0	1.62	
					权重 排名
B.调整后的功能矩阵					权重 / 排名
供应商A	(0.229 +	0.400 +	0.353 +	0.205) ÷ 4 =	0.297 / 2
供应商B	0.046	0.080	0.118	0.103	0.087 / 3
供应商C	0.038	0.040	0.059	0.077	0.053 / 4
供应商D	0.687	0.480	0.471	0.615	0.563 / 1

图 14-3　WMS 供应商比较

图 14-4 说明了最终的矩阵分析，以及 WMS 供应商的最终权重排名。

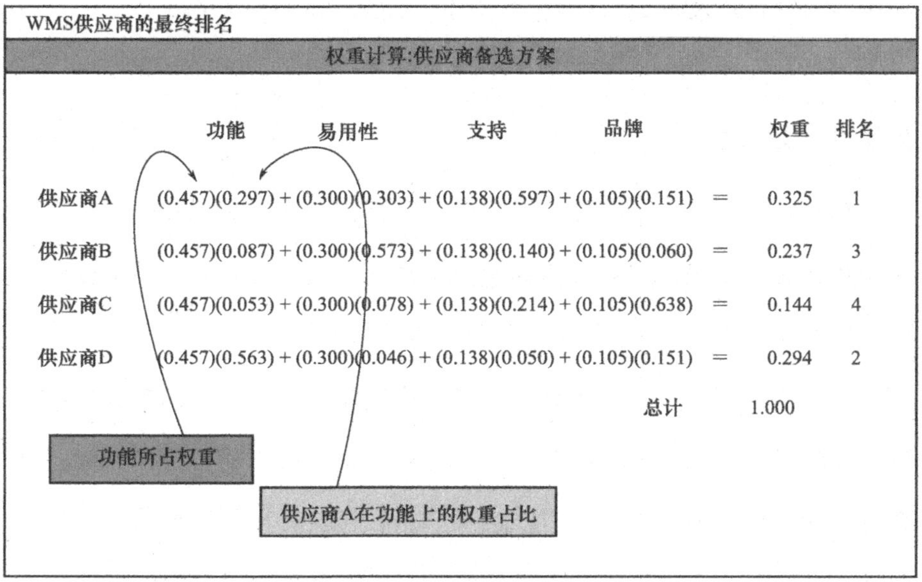

图 14-4 WMS 供应商的最终排名

最终权重的计算方法是，用供应商在相应标准上的权重乘以两两比较标准得出的标准权重。针对每个供应商和条件都执行此操作，并针对每个供应商进行求和。

供应商 A：$0.457 \times 0.297 + 0.300 \times 0.303 + 0.138 \times 0.597 + 0.105 \times 0.151 = 0.325$。

供应商 A 的排名最高（0.325），其次是供应商 D（0.294）、供应商 B（0.237），最后是供应商 C（0.144）。可以将结果放在产品定位图中，以说明这 4 个供应商在每个标准上的差距。

选择 WMS 供应商时，必须考虑许多因素。前面已经讨论了一些较为重要的因素。AHP 表明，结构良好的评估小组可以由管理人员组成，可以将这些标准进行排名，并根据这些标准对供应商进行排名。在示例中，功能是主要的选择标准，其次是易用性。排名第一和第二的供应商在仓库操作中拥有强大的 WMS 软件功能这一标准上的得分都很高。

免手持语音技术

信息技术无疑有助于减少仓库中的错误，因此，比较好的结果是，员工和管理人员可以尽可能多地避免犯错误。另一项有助于提高仓库处理货物的准确性和速度的技术，是免手持语音技术。

一些报告指出，将纸张型的拣选过程转变为语音技术的拣选，可以减少 80％ 甚至更多的错误并提高拣选过程的准确性。尽管选择供应商时存在多种可能，但设备技术可以使操作员在拣货时无须使用双手（免手持语音技术），并且除了说出条形码的一部分以进行计算机验证外，操作员在拣选时无须动手，也无须去看。生产率、准确性、安全性，甚至员工的热情都会得以提高。仓库中的免手持语音技术可以在员工与库存间的大多数交互中应用，在周期盘点、补货、上架、拣货和校检等环节，都可以利用免手持语音技术。

RFID 标签和条形码技术

RFID 技术已经被使用了很多年，并被应用于许多业务环境中，比如 SKU 最小零件、车辆和 40 个联运集装箱的识别、跟踪及测量。通过无线电波（频率）将信息发送到计算机信息系统中。如图 14-5 所示，扫描条形码时，手持扫描枪内的激光会记录反射激光，计算机信息系统可以识别产品信息并将其展示给操作员。条形码中的每一行都代表与扫描产品相关联的特定数据。多维条形码可以将操作员和计算机与大量产品信息相连接。条形码标签易于粘贴且打印成本相对较低，条形码已经是一种利用 RF 技术的成熟技术。

图 14-5　仓库中的 RF 技术

密歇根州立大学在 2005 年进行的研究发现，与使用传统的条形码相比，3 个位列《财富》100 强的制造商通过 RFID 标签技术，可以支持消费品包装仓库中的许多过程。计算机模拟结果表明，通过采用 RFID 标签技术，仓库运营的性能得以改善，相当于每箱产品节省了 58% 的成本。当将人机交互变量输入模拟时，生产率将额外提高 4%～5%。除了基于定量数据的发现之外，在对各个级别的仓库员工和主管的定性式访谈中还指明了，从人的角度来看，RFID 标签技术同样做出了重要贡献。图 14-6 说明了研究结果。

接收入库货物，大概是 RFID 标签技术可以最大限度地帮助提高速度和准确性的环节。特别是，不同 SKU 的混合托盘在卸载货物时需要大量时间来验证盘点。模拟结果和访谈结果一致。此外，长期采访的结果表明，员工认为 RFID 标签技术还可以提高质量、改善周期盘点流程并简化其他核心仓库流程。由于工人的安全性和生产力是成功进行仓库运营的两个最重要因素，因此员工认为，仓库中的 RFID 标签技术可以帮助创建一个更安全、生产力更高的工作场所。通过应用 RFID 标签技术，不太可能改善的因素包括企业文化、客户关系以及对员工的培训。

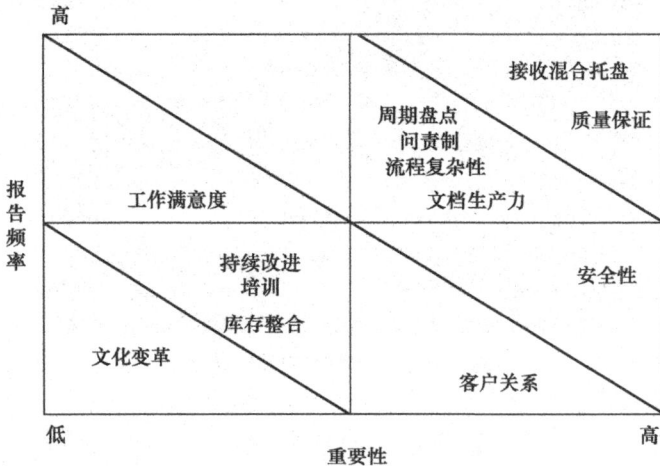

图 14-6　RFID 标签技术对信息交换的影响

处理／存储设备技术

在当今复杂的 DC 中，你可能会看到分区指示由 AS/RS 进行操作的高架存储。在同一 DC 中，可能会有 AGV 行驶到运输通道。你甚至可能会看到照明系统，或自动运行到 A 字架进行零件拣选的设备。借助所有可用技术，叉车可以与新的设备结合，并在整个仓库中运送产品。

就像正确选择运动鞋、皮划艇或冲浪板一样，你必须了解仓库处理和存储技术的预期用途和目标，使投资获得预期结果。在马拉松比赛中，即便是最好的篮球运动鞋也永远比不上专门为长跑运动员设计的轻便跑鞋。以在平静而受保护的水域上划行为目的而设计的皮划艇，要想以 5 英里 / 小时的速度逆风越过 3 英里长的海湾，会遇到巨大的困难。冲浪者会根据冲浪条件来选择冲浪板，就像高尔夫球手有一个俱乐部来管理球场上的各种条件一样。图 14-7 说明，为了灵活地执行仓库中的多种任务，可能需要一个较小巧的、具有敏捷性的和响应能力更强的升降机，就像冲浪者需要一个较短的木板，以在不稳定的冲浪条件下通过或绕过波动的海浪一样。另一个极端就是，为了获得一致和有效的进展，可能需要一个高架自动存储和取回系统或转塔升降机；冲浪也遵循类似的逻辑，如果冲浪板可以提供平稳而高效的承载功能，那么冲浪条件会更加稳定。关键是，必须选择合适的设备，以实现预期目标。

图 14-7　根据任务选择设备

接下来的几小节将讨论各种类型的处理和存储设备，介绍每种设备的特性和优点。尽管处理和存储设备可能千差万别，但你需要了解这些设备中的关键应用程序。

在某些情况下，可能需要更小、更灵活的设备，而其他工作可能需要更大、更多的学习设备。［图 14-7 中的照片由 Marcin Balcerzak/shutterstock 和 Alex McBride，Marcin Balcerzak/shutterstock 和 Keith "Kid" Wilkins（佛罗里达州彭萨科拉）提供］

与选择 WMS 相似，将设备的功能或能力与仓库目标以及仓库所需范围相关联，可以更好地做出决策。表 14-1 列举了一些处理 / 存储设备技术。请注意，设备类型在最后一列中。因此，有一点很重要，那就是首先评估设备必须达到的主要仓库目标，确定设备操作的范围和操作条件，并确定仓库管理员对能力的需求。只有这样评估之后，才应考虑对特定设备进行投资。当然，这是一个起点，因为初始价格和培训、持有成本、投资回收期、与供应商和品牌有关的因素（质量和服务），以及其他因素也必须纳入设备技术分析和供应商的选择中。

表 14-1　处理 / 存储设备技术

仓库目标	需求范围	能力	设备
减少存储时间 减少拣货时间 简化处理流程 改善安全措施	日常收据 / 拣货 完整的托盘数量 超大贮存量	高托架能力 窄过道 自动化 与其他自动化集成	AS/RS
改进从拣选到分段 / 装载的流程 简化处理流程 改善安全措施	单元化 / 托盘类货物的日常运输 远距离运输到仓储运输	起重机容量 多卡车运输 根据需要设定程序 与其他自动化集成	AGV
降低运营成本 消除拣货过程中的错误 加速拣选的过程 提高灵活性	高容量的顺序拣货 区域拣货 多种 SKU	处理多个包装形式 分配具有不同产品特性的最小单位 可用的便携式和无线设备	A 字架系统

续表

仓库目标	需求范围	能力	设备
降低运营成本 消除拣选过程中的错误 加速拣选的过程 集成技术的能力	大量 SKU 拣选 多种 SKU 与其他设备技术集成	视觉光协助 适应拆包的多种 SKU 适应区域选择	按灯拣选系统
降低运营成本 加速交叉转运的过程 零失误	交叉转运到多个地点 不同的位置	视觉光协助 处理多个出库位置	按灯提货系统
降低运营成本 减少操作行程，增加拣货时间 具有与其他技术相结合的能力	大量 SKU 拣选 多种 SKU 与其他设备技术集成	将产品移动到拣选员处 利用按灯拣选技术指示要拣选的料仓和数量 多个项目同时移动到拣选员处	回转式系统
降低运营成本 减少操作行程，增加拣货时间 具有与其他技术相结合的能力	大量 SKU 拣选 多种 SKU 与其他设备技术集成	将产品移动到拣选员处 利用按灯拣选技术指示要拣选的料仓和数量 多个项目同时移动到拣选员处	机器人货架
改善从拣选到暂存/装载货物的过程 简化流程 提高安全性 减少操作行程，增加拣货时间 具有与其他技术相结合的能力	单件产品、箱子或托盘的拣选 高速、大体积的产品移动 适用于多个行业	处理大容量 与其他设备技术整合 无限制的应用	输送系统

AS/RS

Hyundai 汽车公司在亚拉巴马州蒙哥马利市的汽车厂，利用 AS/RS 存储汽车零件。例如，通过切割钢板冲压零件形成一扇门之后，零件通过传送带离开冲压过程。传送带与 AS/RS 相结合，实现了从冲压门到物料门的整体移动。在车身组装过程中，利用高托架存储了许多零件。

此外，美国密歇根州阿达市的 Amway DC 也采用了 AS/RS 设备技术。接收装载的托盘以后，将其放入高架仓库中。AS/RS 会选出存储每个托盘的最佳位置，而无须操作员干预。狭窄的过道可以最大限度地提高产品托盘的存储容量。在拣货过程中，将 AS/RS 与 AGV 结合，可以使产品托盘稳定地流动到运输通道。

如图 14-8 所示，AS/RS 设备技术可以满足各种物料和货物所在仓库和 DC 的目标和范围。有趣的是，佐治亚南方大学的图书馆设有多级 AS/RS，以有效地存储图书。学生与大学图书馆管理员使用计算机终端向图书馆借用书籍。AS/RS 会找到该书，然后将其所在的插槽（连同与其同一分类的其他书）推给正在找这本书的人。将书籍整合到高架存储空间中，图书馆可以在有限的空间内为学生提供更多种类的服务。

图 14-8　AS/RS

AS/RS 的功能包括提供高架容量。数量很重要，这类设备技术的高固定成本可以分摊到单位数量上。有 AS/RS 运行的狭窄过道，可以减少与为系统预留的面积和最大预期库存量相关的存储成本。通过分配给 AS/

RS 上架活动,最大程度地减少了使用的人员资源。由于员工与机器之间的接触减少了,所以安全性提高了。与采用更传统的员工操作叉车的过程相比,使用 AS/RS 的上架过程的人工成本大大降低了。

AGV

AGV 是计算机编程的自动导向车辆,它可以执行物料和成品的移动任务。Amway DC 使用 AGV 和 AS/RS 运输产品托盘,但 Hyundai 汽车利用 AGV 来运输具备变速箱和发动机的汽车底盘。这发生在组装过程的开始阶段——自动化机械卸载了拖车,并将较重的部件放置在等待运输的 AGV 上。

AGV 设备技术应用于化工生产线的末端,在该生产线中,使用自动码垛机将装有产品的袋子进行码垛,然后将码垛后的产品放在 AGV 上,并移动到成品库存或直接移动到发货出口。

仓库实现了更高水平的安全性。AGV 使用光学扫描仪,在遇到意外障碍时,该扫描仪会命令 AGV 立即停止。从收货到拣配和运输,更少地使用叉车可以实现稳定的物料和货物流。如化学产品示例所示,AGV 使产品从生产结束区域到工厂仓库可以保持稳定流动。AGV 可能更适合用于重型和体积较大的产品,以及将产品从工厂的一个区域运输到另一个区域。

单品拣货

尽管 AS/RS 和 AGV 适用于大规模和大型单位移动,但也可以从已打开的纸箱(损坏的包装)中拾取或拣选单个零件,从而为多个 SKU 小订单选择不同的设备技术策略。A字架系统、按灯拣选系统和按灯提货系统以及回转式系统和机器人技术都可以完成这样的任务，有些系统是完全自动化的，而有些则需要自动化协助。

1. A字架系统

A字架系统利用重力和电子机构分配客户订购的SKU。产品以"A"的形式堆叠在A字架系统的垂直过道中。位于"A"字支腿之间的传送带可捕获分配的产品，有些处理是利用纸箱或手提袋穿过传送带的支腿来收集分配的产品。许多订单包含不同的SKU，非常适合A字架系统技术。家庭购物DC使用A字架系统来挑选体积小的SKU，这些SKU会被邮寄给消费者。几乎任何你能想象到的普通自动售货机中的物品，都可以通过A字架系统进行拣选。高速分配允许一次拾取多个项目。可以将产品存放到运输纸箱中，然后用秤来验证纸箱中的物品与订单上显示的物品重量是否一致。纸箱可以直接运送到发货地点，也可以运送到仓库中另一个订购了其他物品的区域。

2. 按灯拣选系统和按灯提货系统

按灯拣选系统是A字架系统技术的备选方案，需要订单填充器才能移动到SKU分箱的位置。打开的箱子以水平方式排列，因此，操作员将与WMS中的选择功能协作，从而选择特定的订单。在操作员将条形码粘贴到手提袋或纸箱上以备运输后，扫描的条形码将开始逐件拣选SKU。在要挑选的第一件物品的位置处有一个指示灯。指示灯附近的显示屏显示的是，从箱子中取出并放入装运箱的物品数量。拾取物品后，操作员按下确认按钮，灯就会熄灭。然后，下一个SKU的指示灯会亮起，并且选择器会移至该项目。该过程会持续进行，直到最后一个指示灯显示已完成订单，这时操作员可以将装运箱放到传送带上进行装运。

　　许多高速的零售DC，例如沃尔玛和CVS药房，都采用了按灯拣选系统来管理拣货操作。有些DC则采用按灯提货系统来管理交叉转运的拣货订单。通过按灯提货系统，操作员可以拆开已收到的交叉转运纸箱，并使用这一技术将正确数量的SKU放入纸箱或手提袋中，并将其运送到指定的商店位置。

3.回转式系统和机器人技术

　　使用回转式系统和先进的机器人技术的前提是，将库存物料移动到订单填充员处而不是让订单填充员移动到库存物料处。密歇根州立大学的仓库可为60,000多名学生、教职人员和其他员工提供服务。由多个模块组成的回转式系统，可以将SKU（例如一包铅笔或胶带）移动到订单填充器上，多用于包装发往校园办公室的小订单。该系统配备了一个按灯拣选系统，可以提示所订购的SKU所在插槽的位置和需要拣选的数量。

　　对于大批量互联网零售商的拣选操作来说，一群机器人型推车会移动到特定的货架下，拣选出要求的SKU，然后提起每个货架并将其运输到订单填充器上。激光会照亮需要拣选的箱子位置。机器人会等待提示，直到操作员进入料仓。使用机器人系统可以提高拣选速度和准确性。

输送系统

　　进行工件拣选、箱子拣选和托盘拣选操作时，仓库员工可以通过高速、高效、稳定的传送带来提高输送速度，并提高库存周转率。高架式输送系统用于将汽车零件从仓库运送到装配线上，同时也用于将空纸箱运送到包装货物的拣配位置。输送带配有滚轴、倾斜托盘和光学激光扫描仪以读取智能标签，也使其可以高速分类，并通过航空货运公司配送隔夜文件和包裹。图 14-9 所示的高速输送带系统与其他存储和搬运设备技术很好地集成在一起。

图 14-9　调整输送带系统

叉车

自从工业革命开始以来，叉车就一直是仓库业务的主力军（如图14-10 所示）。与当今的托盘起重器类似，最早的叉车有一个脚踏板，可将货物从地面上抬起，足以使货物缓慢地在仓库装卸码头周围移动。

在当今竞争激烈的供应链物流环境中，仓库需要的不仅仅是移动货物。现在，仓库必须帮助公司以更快的速度运输货物，实现零损失目标并以较低的运营成本提高竞争力。就像挑选 WMS 一样，明确所选的升降机的独特功能、其如何满足组织需求以及相应的操作范围都是需要考虑的非常重要的因素。

图 14-10　当今仓库使用的叉车

　　叉车的操作范围或工作类型以及叉车的特性必须与自身的业务进行很好的匹配，才能达到预期的效果。有时，简单的低升式托盘搬运车或步行式叉车可以更有效地满足货运需求。步行式叉车或托盘搬运车的功能不同。手动步行式叉车以液压方式提升货盘，但操作员必须利用自己的力量来提供负载。然而，在仓库内进行更长距离的货物运输时，更为有效和方便的方式是使用坐立式电动货载叉车。最常见的是，这种叉车是多功能、耐用且灵活的。操作员可以坐下，也可以站着。根据不同的应用程序，必须经常上下移动设备的操作员可以站立，这样更加方便。手动叉车将操作员和货物垂直移动到预定的托架位置，而步行式叉车则仅能移动到底部的两个托架位置。

　　在选择设备之前，还必须仔细评估固定购买成本、运行的能源成本、维护成本、服务和支持成本以及可靠性。必须将运营总成本和持有总成本与提高的仓库空间利用率、提高的上架和拣选效率以及新设备预期的其他优势进行比较。

　　必须考虑能源的利弊。理想状态是多利用电力或丙烷等清洁能源。

但是，在实际使用中也存在传统的柴油燃料。不同备选方案之间的定价和功能有所不同。

与狭窄的过道相比，传统的叉车需要 12 英尺长的过道（操作员必须在二者之间做出选择。节省空间可以增加产品的存储可能性。可以使用双程或单程功能）。高容量、两层深的货架存储对于空间利用而言可能是更为有效的。较低的容量水平可能需要较少的空间，单程运货卡车即可满足需求且成本更低。回转式叉车装有旋转叉，该设备使操作员无须移动整个升降机即可旋转托盘。这种运动的减少使得狭窄的过道操作成为可能。

叉车有多种配置。同样，预期的货运和处理类型将决定这些配置的选择。如第 9 章所述，可以使用真空吸附装置，将产品固定在装置上并在不损坏货物外表的情况下移动，纸卷夹也是专为这项工作而设计的。升降机挂钩可用于挂载特殊货物。叉子套件可用来移动多个托盘。用于提升和移动包含散装物料的多个桶的装备也是存在的。

散装物料需要专门的叉车装备（称为卷料机）将未码垛的钢卷从仓库运输棚移到平板拖车上。尽管低密度的干谷物可以通过夹紧装置轻松移动和堆叠，该夹紧装置可抓住薄衬纸并将成组的拉伸包裹箱拉到叉车上，但装备也可以包括用于提升物品的平台和笼子，以及其他可以抬起的装备。尽管装备看起来是数不尽的，但最终的决定因素还是材料或产品的特性，它决定了要购买的必要装备是什么。

小结

选择 WMS、选择其他技术支持、选择适当的处理和存储设备，是仓库管理中的关键步骤。WMS 可帮助优化和安排拣货拨次，帮助员工分配拣货区域并生成运输文档。选择 WMS 时要考虑的关键要素包括以下几个。

（1）选择 WMS 之前，必须明确定义和理解运营目标及公司目标。

（2）供应商评估期间必须考虑流程和组成流程的各项活动。

（3）确定仓库或 DC 的需求，以便可以选择合适的 WMS 来提供合适的功能。

在选择装卸和存储设备时，首先要评估设备必须达到的主要目标，然后再确定设备操作的范围和条件，以及与设备功能需求相关的能力和对仓库管理员的要求。只有这样评估后，才能考虑对特定设备进行投资。

推荐阅读

［1］ Akerman K. B. Practical Handbook of Warehousing[M]. 4th ed. New York: Chapman and Hall. 1997: Chapter 49.

［2］ Bowersox D.J., Closs D. J., Keller S. B., and Ross A. D. Radio frequency identification application within the four walls of a consumer package goods warehouse[R]. 2005 report for participating companies, Michigan State University.

［3］ Harry K.H. Chow, King Lun Choy, Lee W. B., and Lau K. C. Expert systems with applications[J]. 2006, 30（4）: pp. 561-576.

［4］ Nynke Faber, René（Marinus）B.M. de Koster, and Steef L. van de Velde. Linking warehouse complexity to warehouse planning and control structure: an exploratory study of the use of warehouse management information systems[J]. International Journal of Physical Distribution & Logistics Management, 2002, 32（5）: 381-395.

［5］ Petri Helo and Bulcsu Szekely. Logistics information systems: an analysis of software solutions for supply chain co-ordination[J]. Industrial Management & Data Systems, 2005, 105（1）: 5-18.

［6］ John F. Kros, R. Glenn Richey Jr., Haozhe Chen, and S. Scott Nadler. Technology emergence between mandate and acceptance: an exploratory examination of RFID[J]. 2011, 41(7): 697-716.

15

独特的功能和独特的物料仓储

全球化和产品种类多样化，通常需要比常规仓库更大的仓储能力。商品的功能要求和独特性质决定了需要使用特殊的仓库。利用保税仓库和外贸区提供的特殊功能，可以促进产品控制，提高安全性。专用仓库也可以提供独特的处理要求和 VAS。还可以使用特殊的处理设施来协助满足逆向物流的要求。

专用仓库

将仓库标记或分类为"专用仓库"，需要进行一些定义和描述。由于仓库和 DC 管理的产品和提供的服务各不相同，因此所有存储和配送业务都具有专门化元素。本章按仓库提供的功能，以及处理和存储的物料与货物的独特性质来描述专用仓库。

专用功能

由于在许多环节、节点和层级中具有多种组成角色的性质，供应链要求对库存进行运输、存储和服务（包括各种形式的产品操作），以支持企业生产和销售产品。为发挥其不同的关键作用，专用仓库的战略和功能贡献可能包括以下几点。

（1）促进外国商品销售到一个国家。

（2）客户供应链的财务策略。

（3）产品流策略。

全球营销和贸易无疑促进了国际买卖活动。全球范围内物流基础设施的改善、运输设备的发展，以及供应链物流计划和战略的完善，使得仓储在执行组织中越来越重要。

进出口仓库和交叉货仓

无论进口国家是哪一个，产品进口都存在许多限制因素。进口海关代理可能要求对进口货物进行实地检查。尽管在出口过程中可能会进行安全检查，但由于存在单据不一致、托运人或出口国的性质不同、进口货物的敏感性、海关的随机选择等情况，所以都可能需要检查货物。进口国的食品药品监督管理局工作人员可能要求对货物进行抽样和检验。除了考虑对进口货物的管制情况和法律要求外，另一个需要考虑的是进入一个国家的许多货物可能还没有买家。

从商船卸货时，必须先在海关处通关，然后才能在国内市场上出售。对于大多数进口货物而言，加快清关流程可以最大限度地缩短运输的停留时间，以便为运输商和收货人提供更大的经济和安全利益。国外入境延迟会在供应链中产生连锁效应，导致在延迟的处理时间内需要增加库存来满足销售需求。

清关后，进口货物可能会继续通过供应链到达最终目的地。对于集装箱产品，这可能意味着一家货运公司可以提取货物，将其运送到铁路场，然后以多式联运的方式运送给收货人。其他海运集装箱可能需要拆箱或取出其中的货物。货物可能属于一家或多家客户，并且可以聘请第三方物流供应商卸载和分发产品给不同的承运商。

可以利用海上码头转运仓库来完成海关和其他所需的检查。它们还可以为托盘、装箱或利用其他方式组合的普通散装货物提供保护。例如，在通关后，钢卷可以装在拖车从仓库穿过，以防止钢卷受恶劣的天气影响。

除了海运货物中转仓库外，进口商可以聘请货运代理来进行服务，监督海运集装箱内货物的搬运情况。卸货后,运往特定客户的货物可能会与其他货物分开,然后装载到拖车上并运输到最终目的地。

码头转运仓库和由货运代理所管理的仓库都有交叉转运设施,专门管理和处理进口货物,然后重新分配给终端客户。而对于出口商品来说,交叉转运设施是支持出口商的货运处理和法律清关所需的处理设施。出口仓库负责的是装填、装载,或从拖车或海运集装箱上装载货物。在运输过程中,用来固定货物的特殊支撑物或其他垫料可由货运代理安装。船舶可能会在开放水域中颠簸,货物在运输过程中可能会移位。

保税仓库和 FTZ

通常要求保税仓库和 FTZ 为进口货物提供特殊的仓储服务。两者都允许对海关规定或通过审查的货物进行仓储。保税仓库可以推迟缴纳进口关税,直到货物进入市场为止。对于尚未出售进口货物的进口商来说,其优点是可以推迟缴税,直到找到买方为止;而且只有当货物出售并进入市场时,才会评估和支付关税。如果将进口货物出售给需要从海关保税仓库中出口的买方,则可以免除转口货物的关税。

尽管保税仓库的活动包括重新包装货物、货物散装以及其他一些受限制的活动,但 FTZ 在货物管理方面具有更强的灵活性。FTZ 的货物不属于关税区域,但保税仓库位于关税区域,在这种情况下可以完成报关手续。对于 FTZ 而言,其仅对进入国内市场的产品进行评估和支付进口关税。例如,在 FTZ 内销毁或再出口的任何货物均不计税。不管是损坏的还是废弃的,保税仓库的货物在进入仓库时,都需要根据关税税率和运费价值缴纳关税。

FTZ可以处理和制造所输入的产品。对于进口商而言，这一点很重要，他们可以在制造过程中更改产品的标识，从而有义务在进入市场时支付根据新产品描述所评估的关税。倒转关税是指在FTZ内原有产品的标识发生更改时，从较高关税转为较低关税。较低关税将与新制造或组装的产品有关。当然，这是假定海关法规为新产品标识附加的是较低的关税税率。

尽管使用FTZ与海关保税仓库的好处有很多相似之处和不同之处，但选择保税仓库的限制更大。FTZ是授予的一个指定区域，包括实物仓库结构，以及设施的土地区域（即存储和制造的内部和外部）。申请FTZ，可能需要花费大量时间才能获得批准。除其他要求外，申请人必须满足以下条件。

（1）证明需要FTZ。

（2）对该指定区域具有良好的经济影响。

（3）提供证据证明，所提出的位置没有可以满足申请人需求的FTZ。

FTZ业务包括散装、分装、成品存储和制造等。FTZ中的钢铁厂、汽车装配厂、货运和包裹运输港（空运、水运和陆运）、电子等制造工厂、食品加工设施，以及在FTZ内经营的所有其他产业，都具有重要的战略意义。要了解更多关于美国FTZ的信息，可以在美国对外贸易区委员会的网站上查询。委员会提供了有关申请FTZ的信息，包括现有区域、分区等各类信息，从而帮助用户理解如何使用或经营美国FTZ。美国对外贸易区协会是一个非营利性组织，其成员都是对美国对外贸易区感兴趣的人。

申请被批准后，下一步就是申请启用。这需要相当长的时间和严格的要求，除了其他必要文件外，还需要制订一个结构化的保障计划，可以保护运出的货物无须向海关提交运出或取消 FTZ 进口货物所需的入境或其他海关文件。海关的职责是保护国家的经济利益（即征收关税并确保配额不被侵犯）。进入 FTZ 的货物，如果缺少或没有可以表明其合法处置的法律文件，就是可疑的。海关可能会根据每次违规行为从 FTZ 运营商的保证金中扣除罚款，直到对方提交文件为止。

启用申请需要对在 FTZ 内工作的人员进行背景调查。FTZ 运营商必须张贴标牌，以表明该区域被指定为 FTZ。操作手册必须由海关起草并批准。该手册中必须包含要在区域内执行的过程和步骤。它必须包括对安全性、收货、存储和执行其他工作的完整描述，库存情况追踪和保证，以及运输情况。它包括所需的示例文档，并管理产品进入、停留和离开区域时的活动。

位于田纳西州孟菲斯市的一家公共仓库决定通过申请 FTZ 运营这一策略，来扩展公司的业务和服务范围。FTZ 法规使得整个指定区域的各部分得以启用。此外，法规允许外国货物和国内货物在 FTZ 仓库的同一区域内混合。这使公共仓库的操作灵活性显著提高。随着 FTZ 业务的增长，为进口产品分配的适当空间可以在启用的区域内扩展。然而，FTZ 内的其余空间可用于任何产品或仓库客户。但是，保税仓库仅能存放外国进口货物，而不允许将它们与国内货物混合在一起。

决定何时使用保税仓库、什么时候用 FTZ，应基于在这两个区域内预期要完成的活动。FTZ 战略对水果进口商来说效果不错。进入 FTZ 后，水果会被加工并进行装罐。其倒置关税减为零，因为未加工的水果要征收 100% 的进口关税，但罐装水果通过海关在美国市场上出售时却没有进口关税。这在海关保税仓库中是无法实现的。

独特的材料和商品

有些材料和货物需要专门的处理和仓储。活的产品（例如从北大西洋沿岸获得的龙虾）被存放在盐水罐中，并在夜间分发给餐厅。显然，并不是所有的 DC 或仓库都是一样的，因为并非所有产品都一样，也不是所有产品都需要在仓储和配送过程中进行独特的处理。

冷藏和温度控制

通过汽车运输将家禽从美国东南部的加工厂运到佛罗里达州的彭萨科拉港，在那里进行仓储并最终用冷藏货船出口。彭萨科拉的港口配备了一个冷藏仓库，其作用是将鸡肉冷冻。

巧克力糖棒也需要在可控制温度的环境中存储。但是，冷藏仓库必须调节温度，以防止糖果冻结，同时防止糖果受到高温而融化。

鲜花供应依靠快速的空运服务，来确保易腐烂的鲜花可以送达世界各地的客户手中。在温控仓库中，会将鲜花包装在扁平盒和盛满水的容器中，以备不时之需。

散装和拆装物料仓库

许多港口都配备了筒仓，用于存储从远洋轮船上卸下的散装水泥。收到订单后，将水泥装入轨道料斗车或配有料斗拖车的汽车载运车中，然后运输给客户。通常存储在筒仓中的其他干散装物料包括谷物、木片、煤炭以及其他农业和建筑原料。液态散装石油通过阿拉斯加输油管，从普拉德霍湾运输 800 英里，输送到阿拉斯加的瓦尔迪兹，在那里将其存储在储油罐中，直到装上原油散装货轮，运往炼油厂加工。

拆装货物或杂货可以装盘或不装盘，捆扎在一起并装在运输桶或袋子中。很多时候，货物的类型和重量限制了堆叠能力。例如，用于生产车身部件的盘绕碳钢带，以及用于放置尿布或食品填充剂材料的板条状纸浆木制品，要防止这些物品受天气因素的影响。大袋的谷物和塑料颗粒也可以看作散装货物，需要存储在有盖子的仓库中。

其他的专用仓储

运营包装服务仓库需要专门的设备，仓库人员需要具备专业知识。合同服务可能包括利用多个单品种货物的货盘定制客户所需的混合货盘。VAS 还可能包括建立带有产品分类的商店展示架，并准备在交付时直接在零售店展示。

GENCO 为大型零售商和制造商管理退货产品。由于规模经济的损失、混合产品退货以及总体缺乏标准化和常见的供应链管理条件，可能难以管理逆向物流或产品向供应链后端的移动。在特殊的处理设施中，产品将被退回并进行重新分配、维修、翻新或循环利用。GENCO 的服务使零售商或批发商免于承担退货的责任。实际上，GENCO 提供了可以为客户管理产品召回的服务。仓储和分销业务中的任何人都知道快速响应产品召回的重要性。有时，管理产品召回和退货的速度和准确性可能决定着品牌的生死存亡。

通过重型叉车可将渔船和休闲垂钓船从水中移出，并放置在高架仓库中。如图 15-1 所示，该设施提供仓库内部的货架，或仓库外的两层货架、个人游艇托架、拖车。需要重型起重机来管理船只的接收和入库上架。

图 15-1　休闲垂钓船的高架存储

如图 15-2 所示，Global 1200 远洋船内有一个独特的浮动仓库和制造设施。大型深水井架管道船的 200 多名船员在作业时将船内的管道完全组装好，并将完成的管道挤到海床的最深处。完成这项工作所需的叉车、材料以及其他设备和工具都存储在船上。管道库存从驳船中卸下并直接交叉转运，以进入生产。

专用仓库随处可见。目标、需求范围、功能以及运营和持有成本（总持有成本）都要明确定义出来，并在选择专用仓库和供应商时加以权衡。有时，供应链中的仓储功能比产品本身的影响更大。但是，有时由于产品特性的存在，会选择特定类型的仓库或DC。

图 15-2 Global 1200 深水井架管道船（实现船上仓储及生产）

走向全球

随着全球交易的增多，对能够响应全球各地需求变化的仓库和DC的需求也越来越大。如今的高科技仓储，已使供应链和公司董事会更加依赖仓储来增加价值并提高质量，同时降低供应链总成本。

供应链战略经理必须了解语言、文化、运输和分销基础设施之间的差异。对于发展迅速的经济体来说，差异可能会被最小化。但是，为了覆盖某些地区的劳动力和市场（消费者、工业、产品或服务），需要对供应链基础设施的关键组成部分进行更大的投资。

人口密集的城市地区需要注意道路和分销点，从而提供满足需求不断增长的产品。困难的问题可能包括但不限于以下几种。

（1）仓储和分销点应如何放置以及放到何处？

（2）道路和人口如何支持所需的配送速度和容量，以满足客户的预期需求？

（3）现有的仓库策略能否成功？是否需要全新的策略？

（4）仓库和配送业务如何适应供应条件，如何满足生活条件迥异的不同人口的需求？

小结

在某些方面，每个仓库都有专门的元素，以适应特定产品的性质和要求。但是，在某些情况下，需要真正的专用仓库来满足独特的功能需求或产品特性。保税仓库和 FTZ 是两个实体示例，需要时这些实体可在供应链中提高对产品的控制力度和产品的安全性。更直接的专用仓库示例，是容纳需要控制环境温度的产品的仓库，以及促进逆向物流的仓库。

推荐阅读

［1］ Akerman K. B. Practical Handbook of Warehousing[M]. 4th ed. New York: Chapman and Hall. 1997: Chapter 40.

［2］ Swenson D. L. Firm outsourcing decisions: evidence from U.S. foreign trade zones[J]. Economic Inquiry, 2000, 38（2）: 175-189.

［3］ Title 19, Chapter 1A, sections 81a-81u of the U.S. Code.

［4］ Title 15 of the U.S. Code of Federal Regulations Part 400.

关键术语和词汇定义表

A 字架系统：自动化的产品分配机制，可协助产品拣选；A 字架系统利用重力和电子机构分配客户订购的 SKU；产品以"A"的形式堆叠在 A 字架的垂直通道中；位于"A"字支腿之间的传送带捕获分配的产品；有些处理是利用纸箱或手提袋穿过传送带的支腿来收集分配的产品。

ABC 分类法：一种分类方法，它将库存按优先级划分，其中 A 类是最有价值 / 最重要 / 对时间最敏感的类别，而 C 是价值最低 / 最不重要 / 对时间最不敏感的类别。

额外费用：与特殊服务有关的运费，用于在运输和交付过程中为客户提供帮助；临时存储货物或将货物运送到居民区可能需要支付特殊费用。

应收账款（Accounts Receivable，A/R）：是在销售产品或服务时实体欠下的款项；可以在法律上强制要求客户就公司所提供的的货物进行偿付；是一种会计业务，用于处理客户订购的商品和服务的账单。

累积：库存水平的积累。

产品作业区 / 拣货区 / 位置：拣货作业区包含立即可填写订单的产品。

制程绩效指数：人员利用率指标，定义为"员工服务的单位 × 单位标准时间 / 员工的工作时间"。

提前装运通知（Advanced Shipment Notifications，ASN）：发送给客户的通知，其中包含有关待处理交货的信息；ASN 用于提供运输信息，例如数量和预计交货日期，通常通过电子数据接口来辅助实现。

对零部件的综合预测：预测一系列库存单位的需求；例如，预测一类产品的需求水平，而不是单个物品的需求水平。

层次分析法（Analytical Hierarchy Processing，AHP）：一种可以帮助选择 WMS 的工具；AHP 对选择标准、候选供应商或 WMS 软件之间的选择标准进行两两比较。

分配：一种以优先方式分配可用资源的方法。

预期库存：为满足未来预期需求而订购并持有的库存。

区域拣货：一种拣货策略，将拣货员分配到一个区域，仅在仓库的那个区域拣货。

分区条例：规定指定区域（市、县、州等）内的占用要求和限制的条例。

分类：指根据存储或交付优先级或约束条件对库存项目进行的分类。

无人搬运车（Automatic Guided Vehicle，AGV）：计算机编程的自动导引车辆，执行物料和成品的移动任务。

自动堆垛机：在仓库中使堆垛过程自动化的物料搬运设备；这种设备不仅可以加快进程，而且可以提高仓库员工的工作场所的安全性。

自动存储和检索系统（Automated Storage and Retrieval System，AS/RS）：包括各种由计算机控制的系统，用于自动放置和检索存储位置中的负载；当大量货物进出仓库时，通常会使用 AS/RS，但它存在空间限制，相应的过程不会增加产品的附加值；不过它的准确性较高。

可用空间：仓库中可供产品存储的空间；仓库中的某些空间用于建造办公室、卫生设施等，这些空间并不需要储存产品，也不会限制用于存储的可用空间。

载货返航：运输承运人从目的地回到起运地的行程，可以是满载，也可以是空载。

延期交货：当客户订购时，库存中某个项目或产品数量无法满足客户需求，通常会发生这种情况；订单的要求仍然保留在供应渠道中，以记录其未满足的需求；延期交货可能是操作过程效率低下或预测不合适的信号。

批量拣选：从库存中提取物品，同时填写多个订单；订单分批处理，以减少前往同一地点的次数。

投标：为响应 RFP 而提交的文件，也称为建议书；在投标中，投标公司解释了它如何提供所要求的服务以及相应的费用；然后由招标书的发布人根据规定的评价标准对投标书进行筛选。

提货单：规定货物从起运地运输到目的地的法律文件；提货单包含与托运人（发货人）、收货人和承运人相关的重要信息；货物描述、分类、重量、体积、开票信息、特殊说明、申报价值、货到付款、签字和联系电话等都要包含在提货单上。

保税仓库：一种专用仓库，保税仓库经常被要求为进口货物提供专门的仓储服务，它们使处于海关规则或审查之下的货物的仓储成为可能；保税仓库可以推迟缴纳进口关税，直到货物进入市场；保税仓库中的货物不论毁损或浪费，入库时均按关税税率和货值缴纳关税；保税仓库仅限于存放外国进口货物，不得与国内货物混装。

废料场：一个存储区域，其中包含旧的、未使用的或失修的物品。

瓶颈：过程中的一个区域或部分，在这个区域或部分中，需求超过了生产力所能承载的负荷，从而降低了整体的生产进度。

支撑材料：用来填充、保护和固定商品和货物的材料。

拆装：将多个单元的材料或成品分开，以便对这些单元进行进一步的运输和分配。

拆箱包装：打开的纸盒，用来装所需数量少于整箱容量的订单。

大批拣货：一种拣货策略，可针对需要该物料的所有订单立即拣选所有类似物料，还可以根据目的地要求进行分组，这种策略减少了总的拣选时间。

大批拣货线：为支持大批拣货策略而建立。

容量限制：任何限制容量的现象；如果管理不当，容量限制可能会成为过程瓶颈。

产能利用率：一种可量化的度量标准，通常被指定为 KPI，用于衡量和帮助管理获得的过程输出水平与可能的最大过程输出。

回转式系统：可以将产品送到拣选员工处的系统。

订单满足率：装运箱数与订购箱总数之比（订单满足率 = 运送的箱数 / 订购的箱子总数）；用于衡量客户服务。

现金周期：为购买某种材料或服务而支付的现金与销售收入的间隔时间。

卷料机：专门的叉车附件，用于帮助将未装运的钢卷从仓库运输棚中移动到平板拖车上。

冷藏仓库：专用仓库，可提供环境温度受控的空间来存储需要低温保存的货物。

商品费率：为在两个点之间定期且有保证地运输单个商品而协商的费率。

合并：将来自一个共同来源的多个订单合并到一个共同的目的地，以提高运输设备的利用率，从而降低订单的运输成本并缩短交货时间。

密闭储藏室：专门的储藏区，用于防止由于安全性要求而导致的产品暴露。

合同：指两个或两个以上的当事人自愿为对方提供货物或服务以换取补偿而达成的具有法律约束力的协议或文件。

合同仓库：这一操作可保证合同中规定的人工、设备和服务水平。与公共仓库运营商提供的资源相比，合同仓库的资源将更多地用于管理客户的业务。承包商需要保证一定水平的总生产量，以使投资物有所值。

输送系统：把产品送到拣选人员处的自动化系统。

售出商品成本：这些成本可以直接归因于公司所出售的商品的生产或制造商，成本包括所使用的材料和直接人工费用，不包括间接费用。

无差别成本点：在成本或盈亏平衡点分析中，无论选择哪一种方法都会产生相同的成本。

供应链管理专业人员委员会（Council of Supply Chain Management Professionals，CSCMP）：美国的供应链管理和物流管理专业人员协会。

咨询：向需要关键指导以改变行为方式的员工提供咨询，这是避免解雇员工的最后一步。

交叉转运：入库的存货和订单根据公共目标邮政编码区域或客户进行接收、分类、重新合并，并且无须进入仓库存储即可进行运输；在此过程中，货物从入库拖车或集装箱跨过中间的站点直接运输出库。

客户满意度：这是用于衡量客户对公司提供的商品的满意度，它以百分比表示，通常被指定为KPI。

周期盘点：对指定的存货进行持续的盘点，而不是每年只进行实地盘点。

周期库存：预期在给定的订单期间（周期）将要出售的库存。

关税：对进口货物征收的税款。

拆箱／分拨：散装物料。

需求预测：预测产品的未来需求，以计划其适应性并在需要时确保其可用性，可用自动化系统来辅助需求预测。

需求模式：项目或服务需求中的可识别模式，需求模式的示例是季节性的或与特定事件的发生相关的那些模式。

滞期费／滞留费：承运人或设备租赁公司对托运人收取费用，要求托运人在合同约定的时间内保留运输设备。

设计空间：最初建在仓库中的空间总量，用于容纳所有与库存存储相关或无关的活动。

配送中心（Distribution Center，DC）：在将货物或产品运输到客户手上前对其进行临时存储的地方。DC 是供应链的基本组成部分，通常称为仓库。

分销渠道：产品从制造商处到达最终客户手上所经过的端到端路径。

分销成本：将货物从生产或制造商处转移到最终客户手上所产生的所有成本之和。

不良产品：无法以其原始价格出售的产品，包括已到达或超过其日期的库存，有缺陷的产品以及过期或过时的产品。不良产品是逆向物流过程中需要考虑的候选对象。

码头保险杠：为码头提供保护的附件，防止与卡车和拖车接触造成损害，站台保险杠还可以帮助将卡车引导到位。

站台登车桥：安装在站台和维修卡车之间的接口点的平台，其可以被手动放置在单独的物料中，也可以被机械或液压放置在站台的整体组件中。

中转仓库：位于码头附近的仓库，用作从水上运输工具卸下的货物的中转站。

下游：寻找供应链中的下一个客户或合作伙伴，终端消费者是最远的供应链下游成员。

货运公司：提供集装箱货物运输的公司，通常是海运码头和铁路码头。

吊挂拖车过程：司机将挂车拖放到指定区域或门上，并钩上空载的或满载的另一辆挂车，然后离开设施；吊挂拖车过程可能会在正常轮班时间结束或下班后发生。在拖车过程中，司机与收货人员的互动是有限的。

垫料：用于包裹、保护和固定货物的材料。

停留时间：指货物在等待发货时停留在运输中的时间；它也用于表示没有任何活动或生产时司机的等待时间。

经济订货量（Economic Order Quantity，EOQ）：仅考虑订购成本和库存成本时，与最低总成本相关联的供应商订购数量。EOQ 是周期库存或每个周期的订单数量，以最低的总订单成本加上库存持有成本来满足已知的需求。

处理经济：通过使用处理技术来加快和最小化产品处理要求，从而提高流程效率。

制造经济：通过使用制造技术来优化制造过程并提高过程效率。

生产经济：通过利用一件物品的长时间生产来实现制造成本效益，从而最大限度地减少同一生产线上所生产的物品之间的设备转换时间。

采购经济：通过大量采购来获得材料和产品供应商的价格折扣，从而实现成本效益。

规模经济：通过增加产量（生产或提供更多产品）来实现成本效益，因为固定成本会分摊给更多项目。

运输经济：通过运输数量足够大的货物，从运输运营商处获得价格折扣，来实现成本效益；运营商可以最大限度地利用设备的重量和立方容量，从而实现经济性。

电子数据接口（Electronic Data Interface，EDI）：通常用于描述两个或多个业务实体之间的电子接口，通过具有兼容软件的计算机系统可以简化电子接口。EDI 支持电子商务，可在仓库中下订单，并通过交货跟踪订单状态。

电子拣选通道：传统隧道分拣流程的自动化，自动拣货是在穿过货架系统的"隧道"内进行的。

生产力：从基本意义上讲，它是指员工在给定时间内生产或提供的产品或服务的数量。

员工流动率：公司获得和失去员工的比率，这是衡量员工任期的标准。员工流动率可用于公司自我评估，并与同行业竞争对手进行比较。

企业资源计划（Enterprise Resource Plan，ERP）系统：为公司业务流程的管理提供支持和协助的软件功能的组合。ERP 系统可以识别所需的资源，跟踪现有资源的状态，并协助进行库存管理。

设备利用率：一种成本和利用率的度量标准，定义为"实际使用的

机器运行时间 ÷ 总可用运行时间 ×100%"。

评估标准：指定用于选择合同中标者的标准。评估标准、优先级层次结构和相应的标准权重将在 RFP 文档中传递给潜在的投标人。评估标准的例子包括价格和过去的表现。

出口仓库：用于促进货物和产品出口的专用仓库，合规性、许可证、保险和文档支持是出口仓库可以提供的常见增值服务。

订单满足率：一种度量标准，用百分比表示，等于发出的数量除以订购的总数量。

财政激励措施：各州和市政府可以提供财政激励措施，促使公司选择其所在区域来定位或建造仓库；财政激励措施的例子包括税收激励措施和无息或减免贷款。

先进先出（First-In First-Out，FIFO）：一种库存管理流程，在此流程中，最先入库的物品先被分发。

固定成本：不会随着产量或需求的增加或减少而波动的成本，固定成本包括折旧、保险和租金。

固定订单数量：基于每次订购的标准化（固定）库存数量的再订购点，订购时间可能会随需求的变化而变化，但每个周期的订购量保持不变或固定。

地板装载拖车：直接在拖车地板上装载纸箱和产品，以实现最大的拖车容量利用率。

预测：预测产品的未来需求，以计划产品的适用范围并在需要时确保其可用性，可用自动化系统来辅助需求预测。

自由贸易区（Free Trade Zone，FTZ）：它使进入工厂后的货物可以灵活管理，简称自贸区；FTZ 的货物不在海关管理范围内；对于 FTZ，仅对进入国内市场的产品进行评估和支付进口关税；例如，在 FTZ 内销毁或再出口的任何货物均不征收关税；FTZ 可以在其范围内进行产品修改和生产；根据规定，外国货物和国内货物可以在 FTZ 仓库的同一区域内混合运输；这为公共仓库提供了操作灵活性；如果 FTZ 业务扩大，则可在 FTZ 的激活区域内扩大进口产品的空间；然而，FTZ 内的空地可以用于任何产品或客户。

叉车：一种物料搬运系统，具有各种配置和尺寸，可以手动操作、自动化或机器人操作。

拣货作业区域：拣货策略的组成部分；建立仓库或 DC 的拣货作业区域以查找快速移动或经常要求的产品或 SKU；建立拣货作业区以减少拣选相应物品所需的劳动力。适当时可用储存区或散装区补充拣货作业区。

备货作业：可以建立备货作业地点，以实现产品的快速发行，VAS（例如，装备和包装）通常与备货作业地点相关联。

第四方物流供应商：供应链物流合作伙伴之一，可以为特定客户协调多个第三方物流供应商的服务；第四方物流供应商为客户提供物流服务、信息和成本的组织和控制，超出了第三方物流供应商所能提供的范围。

装运港船上交货（Free on Board，FOB）：国内运输销售条款，用于管理运输中的货物的所有权和责任，并指定承担承运人运费的责任。

不分货种运价（Freight-All-Kinds，FAK）：被用来对具有运输相似性的不同货物进行分类；虽然它们可以被分为稍微高一些或低一些的运费等级，但每件货物的运输量并不保证可以单独分类，可以将产品组放置在 FAK 中，例如等级 55。

货运招标流程：该流程包括承运人与托运人之间的 RFI、RFP 和 RFQ 谈判阶段；交换与要运输的产品有关的重要信息，并向承运人提供运输服务的授权，以及所需的能力等因素和对服务的期望；最终目标是达成某些承运人与托运人之间的运输服务协议。

运费单：包含运费并注明已付的单据，应寄给承运人以换取所提供的服务。

货运单审核：将发给托运人的货运费与商定的费率以及产生的任何其他费用（如附加费、设备／司机滞留费等）进行比较的过程；审核需要使货运单与交货收据、原始订单和提货单上的信息保持一致。

货运合并：将来自同一来源的两个或多个订单发往相同的邮政编码区域或收货人处，以节省运输费用并降低每单位装运的运费。

货运成本：产品或商品在运输过程中发生的总成本，可以包括包装成本、码垛成本、装载成本、卸载成本、保险成本、运输成本、安全成本和跟踪成本。

货运代理：为公司管理货物运输的代理商或公司，将产品从制造商处运输给客户。大多数货运代理并不拥有运输资产，而是选择适当的运输方式。货运代理在国内和国际市场上都有业务。

运费支付：为承运人提供的服务进行支付。

货运费率：每 100 磅（英担）/（每单位·每英里·每件货物的运输价格）。

全线库存：这种技术通过存储和提供所需的整个产品系列，最大限度地减少了客户必须处理的仓库或 DC 的数量。

总务管理局（General Services Administration，GSA）：美国政府机构，负责管理政府资产并制定政府范围的政策。

放牧：用于描述员工从仓库中偷窃库存产品的术语。

免手动语音技术：该技术使操作员在拣选时可以不用双手。这项技术可以提高拣选的速度和准确性，可以在仓库中用于周期盘点、补货、入库上架、拣配和校验。

高架存储：这种存储方法用于将货物存放在高垂直货架托盘上；在最有效的操作中，可以按完整的托盘数量接收产品，并按完整的托盘数量发货，而无须其他处理。

高货柜：在大型立方存储区和高架区域或设施中堆垛产品。

蜂窝结构：从仓库位置移走库存后形成空缺，从而导致无法使用的空间出现，这一结构降低了仓库操作的效率。

英担：行业度量单位，该术语用于描述与 100 磅计量单位相关的成本材料。

冰山原理：显而易见的问题只是必须解决的潜在问题的冰山一角。

进出口仓库：用来管理仓库所在地以外的国家或地区的货物的进出口。

进口货物：运往与其原籍不同的国家的货物，该货物受接收国海关法规的约束，并可能根据货物的性质接受其他控制和安全措施（例如检疫、附加税金或关税）。

进口商：专注于从外部国家进口或协助进口商品的企业实体。

入库承运人：将产品运送到 DC 或仓库的承运人。

入库货运：运输到仓库或 DC 并由其接收的货运。

入库运输成本：与货物入库相关的所有运输成本。

国际贸易术语（International Commercial Terms，INCOTERMS）：国际商会发布的《国际贸易术语解释通则》（2010），每组 11 个贸易术语，以使出口商、进口商、承运人和其他管理国际货运销售和分销业务的人受益。

独立成本估算：要求外部机构提供服务的预期内部成本估算值；由发出请求的业务实体操作，用于与收到的估算值进行比较；在报价请求或报价过程中使用，以防止过高的估算或低价提交。

侵扰：仓库中的视觉提示，表明产品已受到环境的破坏。

现有库存：仓库中现有的产品，可根据客户需求发行。

多式联运：使用多种运输方式运输货物，例如公路、航空、铁路、水上运输和管道运输。

联运集装箱：一种用于多种运输方式的集装箱；标准化的集装箱能够保护和运输各种类型的货物，同时又易于在公路、海运和铁路运输工具之间转移，从而提高效率。集装箱的性能可能有所不同，但是，常见的联运集装箱包括长度为 20 英尺、40 英尺、48 英尺和 53 英尺的型号，可以用标准的运输拖车运输。

国际标准组织（International Organization for Standardization，ISO）：建立、规范和验证国际管理标准的国际组织。

在途 / 存货库存：随着材料和产品在供应链中的移动，库存的所有权会转移，因此，在产品从供应商转移到客户的过程中，供应链中至少有一个成员拥有该产品。在途库存管理与存货库存管理同等重要。

库存准确性：库存准确性是衡量实地库存与仓库记录中反映的库存之间的差异的度量标准。

库存持有成本：与持有产品库存相关的成本，包括基于产品价值的仓储和搬运成本、税金、利息和保险以及产品报废成本。

库存控制员：执行计划的实地库存，并协调仓库中实际产品与系统记录的现有产品之间的差异。

库存流：用于描述从制造商到最终客户的库存的端到端路径。

库存完整性：库存准确性的一个方面，用于评估库存记录的可靠性。

库存管理系统（Inventory Management System，IMS）：协助管理库存的自动化系统，IMS 可以是独立的，也可以是 EDI 套件的一部分。

库存目标：为满足客户需求而计划的产品库存数量。

库存再订货点：订购补货的产品库存点，以确保按需供应；根据需求使用情况和需求预测，可以计算出正确的库存再订购点。

库存缺货：在客户对某货物有需求时，而仓库中没有该货物，这表明过程中存在问题。

库存税：对存储在仓库中的货物征收的税，在进口或出口时经常需要缴纳这一税项。

库存吞吐量：针对通过库存输出而获得的收入的衡量方法。

库存周转率（存货周转率）：全年总库存销售的次数；通常，以销售成本与平均库存的比率来计算；以平均库存量为起始库存，加上期末存货量，再乘以 1/2。

库存运输速度：这是衡量产品从收货到交货期间的存储时间，一般更希望有较高的库存运输速度，可以在选定的时间段内，用销售成本除以平均库存来获得这一数值。

倒转关税：此术语适用于 FTZ 内的原有产品标识发生更改时，从较高的关税过渡到较低的关税的情况，较低的关税将与新制造或组装的产品有关。

发票：提供的服务或产品所需的付款凭证。

工作模拟：新员工或未经培训的员工，在业务开展过程中跟随经验丰富的员工，作为培训、交叉培训和了解业务的一种手段。

及时补货：一种基于时间的策略，要求承运人在极短的运输时间内向收货人交付对时间极为敏感的货物，货物应在客户缺货之前到达并投入使用；基于时间的策略有助于降低客户的库存水平，并要求非常可靠的运输。

看板制度：源于精益生产的概念，用于控制物料流和库存流，该制度提高了效率，并有助于降低与各个过程相关的成本。

关键绩效指标（Key Performance Indicator，KPI）：建立量化指标以衡量和监控过程绩效，KPI 可以包括库存速度、订单发货时间和库存周转率等。

配套 / 产品配置：可以作为仓库中的 VAS。

可拆卸的纸箱：用于包装或重新包装物品的未组装瓦楞纸运输箱。产品返工区域利用这种纸箱来回收优质产品，将产品重新包装在新的纸箱中，然后将纸箱放回可用的库存中。

标签：粘贴在商品上的产品标识信息。

交货时间：从下单到交货的时间，也被称为订单周期。

泄漏：当储存的产品泄漏时，仓库会提供视觉提示。

精益六西格玛:一种管理模式,它使用精益原理消除不必要的和无增值的流程,并采用六西格玛流程改进方法来提高效率和减少浪费。

零担运输(Less-Than-Truckload, LTL):未能充分利用卡车最大容量的订单,通常用这种方式进行货运。

长途运输:此术语是指通常由卡车进行的长距离货物运输。

实时装载/卸载:在司机等待期间,必须交付卸载的货物,实时卸货需要司机和收货员或主管交换文书工作和签名,以控制卸货过程。

码头装卸工人:在港口将货物装卸到船舶上的人。

临时装卸工:根据具体情况雇用临时工,以协助司机装卸产品。

批量运输:将多种材料或成品组合在一起,以产生更大且更经济的运输量的行为。

货单:确定指定产品的内容、原产地和目的地的文件。

马奎拉多拉加工出口工厂:一个授予制造、装配型工厂的 FTZ 称号,例如,位于与美国接壤的墨西哥边境小镇的工厂可以接收进口的材料或零件,通过制造或装配过程增值,并重新出口产品时,不会将材料、组件或制成品输入墨西哥市场进行销售,由于该产品是再出口产品,因此可以免除墨西哥的关税,从而可以提升劳动力技能并降低成本。

海上码头转运仓库:位于海上码头的仓库,用于容纳从海洋承运人到地面承运人的海上运输的货物。

主生产计划:跨越特定时间段的特定项目、数量和序列生产的详细计划,例如每周生产进度表。

物料搬运设备(Material Harding Equipment, MHE):用于将产品从一个位置移动到另一个位置的各种手动和自动机械设备。

物料需求计划：实现计划生产进度所需的物料和零件的分解文档，所需的每种物料的交货时间表明何时订购，在确定订购物料的数量时要考虑到现有物料、在途物料和订购物料的组合。

中途并货：将产品的零件、文件和其他不同来源的组件运到交叉码头或流通设施，以进行合并和交付；将来自多个供应商的组件或零件汇集到交叉码头或流通设施，并将它们捆绑或打包在一起，从而一次性交付给终端客户。

指标：为帮助成功管理公司而建立的量化绩效的度量标准。

未运输率：一种通用的性能质量的度量标准，指示按时发货次数占总发货次数的百分比。

混合托盘：将混合物品或库存单位堆叠在同一个托盘上。

可移动舱壁：物理隔板，使通过各种运输方式运输的货物能够有效且安全隔离。

机动运输工具：一种在道路上运输产品的运输方式。

1980 年的《汽车运输业者法案》：1980 年的《汽车运输业者监管改革和现代化法案》是标志性的法案，旨在对汽车运输业者放松管制，从而实现更大的提价和提供服务的自由。

全国对外贸易区协会（National Association of Foreign-Trade Zones，NAFTZ）：一个非营利组织，其成员对美国的对外贸易区感兴趣。

全国政府承包商协会（National Association of Government Contractors，NAGC）：总部设在华盛顿的全国贸易协会，专门为与政府签订合同或对政府合同感兴趣的企业服务。

国家汽车运费分类（National Motor Treight Classification，NMFC）：

产品分组取决于产品的密度、搬运产品的难易程度、是否可以有效且便捷地将产品存储在拖车内，以及货运的价值；承运人和托运人可以就所运输产品的运费分类达成一致，而不必就现有的每一种产品来协商运费；在 4 个主要因素中，具有相似特征的产品在运输时可以认为是同一类；产品描述可以分为 50 ～ 500 个类别，可以放在 NMFC 的一个类别中来评估货运费率；货运分类等级越高，相关的货运费率越高。

谈判：双方以订立服务或货物合同为最终目标的讨论。

基于非资产的货运代理：代表仓库与承运人公司谈判的第三方物流实体。

北美行业分类系统（North American Industry Classification System，NAICS）：企业和政府用于根据经济活动类型对企业进行分类的系统。

过时：在不再想要或不再需要某个对象（即使它可能仍处于工作状态）时发生。

准时交付率：定义为"准时交付的订单数 ÷ 已交付的订单总数 × 100%"的绩效比率。

准时收货率：定义为"准时收到的入库数量 ÷ 入库总数 ×100%"的性能比率。

准时发货率：定义为"交付的订单数量 ÷ 订单总数 ×100%"的性能比率。

经营比率：衡量运营商管理成本和收入以提高运营效率的能力，计算方式为"运营支出 ÷ 运营收入 ×100%"。

优化分析：为优化适用流程（例如整合）而进行的分析，可手动操作，也可借助软件完成。

订单准确性：一种可量化的指标，反映了已发货订单相对于实际订单的准确性。

订货周期：从收到订单到最终交付订单的平均时间。

订单录入准确性：一种可量化的度量标准，用于衡量已录入的订单相对于从客户手上收到的实际订单的准确性。

订单完成率：已完成订单的数量与已下订单总数的比率（订单完成率＝已完成订单／已下订单总数×100%），一般用于衡量客户服务。

订单装运完成率：一种衡量表现的指标，定义为"已完成装运的订单÷订单总数×100%"。

出库承运人：将货物运出 DC 的承运人。

出库订单：运出仓库的订单。

出库货运员：核实所有出库货物的数量和状况，必要时与拣货操作员、卡车司机和库存管理人员一起工作。

出库运输成本：将货物运出仓库的所有成本之和。

外包：委托外部人员来管理公司的活动、流程或功能。通常，签订外包协议可以使工作或服务由经验最丰富的一方来执行。

库存过剩：现有库存超过库存水平加上所需库存。

超量、短缺或损坏（Overages、Shortages and Damages，OS&D）：仓库内或运输中的产品过剩、短缺和损坏。

超量、短缺或损坏（Overages、Shortages and Damages，OS&D）职员：他们负责管理需要特别注意的产品，管理返工流程，并与库存管理部门沟通 OS&D 区域中的产品状态。

卡车司机：机动车辆的驾驶员。

托盘推车：一种用于提升和移动托盘的工具。

并行处理：同时处理多个任务。

完美订单：将正确产品以正确数量、正确文本形式按时交付到正确地点的订单。

绩效比率：评估绩效的重要指标，指取得的业绩占总业绩的百分比。

人员利用率：衡量员工在业务活动中被使用的效率。

实地盘点：盘点整个仓库的库存，协调库存记录与设施内部实际产品之间存在的差别。

拣货员：仓库员工，负责在指定时间段内根据计划的出库订单分拣货物或物品。

拣选：根据当天计划完成的订单挑选和准备产品。

拣选周期：完成拣货的时间，是总体拣选策略的一部分。

拣选策略：在仓库中挑选和暂存货物以供运输的最佳方法，包括区域、地段和批量拣选方法。

拣选通道：穿过货架系统进行自动拣选的通道。

按灯拣选系统和按灯提货系统：按灯拣选系统是 A 字架系统技术的备选方案，需要订单填充器才能移动到 SKU 分箱的位置；打开的箱子以水平排列，因此，订单拣选人将与 WMS 中的选择功能协作，从而选择特定的订单；操作员在将条形码粘贴到手提袋或纸箱上以备运输后，将通过扫描条形码开始逐件拣选 SKU；在要挑选的第一件物品的位置有一个指示灯，指示灯附近的显示屏显示的是，从箱子中取出并放入装运箱的物品数量；拾取物品后，操作员按下确认按钮，灯就会熄灭；然后，下一个 SKU 的指示灯亮起，选择器移至该物品前；该过程会持续进行，直到最后一个指示灯显示已完成订单，这时操作员可以将装运箱放到传送带上进行传送。

盗窃：未经授权使用产品。

无差别点：选择任何一种方式都会产生相同的结果。

延迟策略：产品生产到一定阶段时，要延迟实际订单最终承诺的出货期；产品对特定区域市场的承诺出货期也会延迟到该产品的需求期临近为止。

价格现实性：既是评估标准，也是衡量任务理解程度的标准，它可以防止实体以较低的价格"购入"，然后在授予合同后提高价格，价格现实性还能够确保投标人清楚合同要求，并且价格对于执行的工作是现实的。

价格合理性：判断投标价格是否过高的评估标准，这是对执行所需服务的公平合理的价格的确定。

自营仓库：由拥有仓库中所存储产品的公司运营，该公司可能没有建筑的所有权，但拥有所有进出的产品的所有权。

流程图：指定流程从头至尾的布局，旨在识别流程的各个方面，以优化每个步骤和整个流程。

处理时间：完成规定的过程所需的周期，可以作为 KPI。

流程差异：过程中意外发生的事件，导致处理过程和最终产品的效率低下。

产品分类：对库存中满足客户订单的产品按各种库存单位进行分类。

产品流：产品在指定时间段内遵循的路径。

产品定位图：可以将 AHP 分析的结果放在产品定位图中，以说明不同供应商在每个选择标准上的差距。

产品召回：一种正式的指令，查找先前分发的产品并将其返回指定设施；有时会返回到原始发货人处。

产品代码：用于管理仓库中物品的唯一识别符号或编号，它们可以被嵌入 RFID 标签。

产品搬运人员：对产品从卸货到最终装载的整个过程进行管理的工作人员。

产品暂存：将产品预先放置在指定区域中，从而促进高效运输。

生产转换：更改生产设备、材料和流程，以适应在同一生产线上生产不同产品的情况。

利润率：产品价格中超出产品成本的部分占产品成本百分比。

产品轮换：在按订单发出新产品之前，将旧产品移出仓库的过程。

保护性包装：应用各种包装技术，旨在保护包装内的物品免于暴露和损坏。

公共仓库：可以定期租用，存储来自多个客户的产品，它们也可以是容纳独特商品的专用仓库。

入库上架：在仓库中最终接收和存放货物的过程。

质量保证（Quality Assurance，QA）/ 质量控制（Quality Control，QC）计划：详细说明角色、职责、过程和标准，以保证和控制过程以及产品的质量。

射频识别（Radio Frequency Indentification，RFID）技术 / 标签：使用无线射频技术来传输数据，以自动识别和跟踪附到货物上的标签，标签中包含电子存储的信息。

收货：接收、卸下和核算到达仓库的货物。

收货员：负责检查和清点所有到库货物，工作人员与司机一起解决存在的货物差异，并在必要时向司机提供指导。

收货员绩效指数（ROPI）：KPI之一，ROPI是根据标准的收货和上架时间以及员工实际卸货和存放产品的时间计算得出的。

红绿灯树：配备了红绿灯树的建筑物通过指示安全/不安全的进入条件来保护仓库员工；与红绿灯类似，红绿灯树有一个红色灯（表示停止）和一个绿色灯（表示通行），每个仓库门口都有一个固定在门口附近的内壁上的红绿灯树，而另一个固定在门口附近的外墙上；当外部指示灯为绿色时，司机知道是可以安全地进出的；当外部指示灯为红色时，则警告司机停车，请勿使用拖车进出；内部红绿灯树的使用方式相同，因此，当码头门口出现红色指示灯时，仓库员工知道停在门口的拖车进入是不安全的。

重新贴标签：更改贴在产品上的产品标识信息；可以在逆向物流过程中执行此操作，并仍然可以从产品中受益。

补货操作员：负责给指定库存区域补货的仓库员工。

信息邀请书（Request For Information，RFI）：为特定目的收集关于各种供应商能力的信息；通常，这是获得合同支持的第一步；在RFI之后一般会有一个提案请求和报价请求。

建议邀请书（Request For Proposal，RFP）：向潜在供应商发出的邀请，以告知他们所需的产品和服务，所需支持的时间范围以及用于筛选合同中标者的评估标准；RFP要求投标人提交投标书，说明他们将如何提供所要求的产品或服务。

报价邀请书（Request For Quotation，RFQ）：要求感兴趣的投标者提交所要求的产品或服务相关的报价。

要求的交货日期（Required Delivery Date，RDD）：客户要求交付相应产品的日期。

拣货 / 存储区域：该区域也可用于补充作业区域。

逆向物流：这是产品再利用中的操作；逆向物流是为了获取价值而将货物从计划目的地向相反方向移动的过程，其中包括重新制造、翻新和维修。

路线成本：通过供应链的指定部分路线的产品的成本总和。

安全库存：为防止因非常规事件导致需求增加或供应提前中断而在预期时间收到的补给库存。

季节性波动：产品需求随季节性因素而变化，比如夏季。

季节性库存：为满足在季节开始时的需求而订购并持有的库存（例如假期或其他自然时间段）。

感官提示：提示仓库人员出现潜在的不安全情况，除味觉外，所有感官都很敏感。

排序 / 顺序处理：在指定时间和地点，按照生产线上制造过程要求的时间顺序，组织多次发货到工厂。

装运特征：如重量、体积、目的地、装运和交付日期，以及其他对于按时装运和交付货物来说至关重要的信息。

托运人的装载和清点（Shipper Load and Count，SLC）程序：产品的托运人需要对产品进行清点，并确保产品的准确性。

运输：将订单从起点运到目的地，还包括检查和装载分配给拖车、集装箱或铁路车辆的订单物品。

塑料热缩包装通道：可与输送系统一起使用的加热通道，在产品周围牢固地增加保护膜。

短缺：现有产品数量少于所需产品数量的情况，这可能表明操作过程存在问题。

单双升降机：单升降机可在上架和拣选期间移动一个托盘的容量，双升降机可移动两个托盘；（也就是说，一个托盘位于另一个托盘的前面，并且两个托盘都由双升降机搬运并一起运输）与单升降机相比，双升降机可以到达产品托架两层高的位置。

单笔订单拣货策略：一次完成一个完整的单笔订单的拣货策略。

库存单位（Stock Keeping Unit，SKU）：每个产品有特有的用于跟踪的字母或数字识别码。

薄衬纸：由塑料、纸板或其他物质制成托盘大小的薄板，用于商业运输。

分类：对产品进行分类，分类可以机械化、手动或自动化进行。

空间利用率：一种成本和利用率的衡量方法，定义为"存储的托盘总数 ÷ 可用于存储的托盘总数 ×100%"。

特殊处理：对产品进行特殊处理或移动的需求，包括对使用通用或定制的材料处理设备或环境因素的考虑。

专用仓库：由于仓库和 DC 管理的产品和提供的服务各不相同，因此所有存储和配送业务都具有专业化元素，但是，独立的专用仓库也可以提供某些特定功能，比如处理和存储特殊的材料和货物。专用仓库包括温度控制仓库、进出口仓库和保税仓库。

投机性库存：仅能满足预期需求，但不能满足日常需求的现有库存，市场营销、销售、生产和库存经理需要推测许多类型事件的发生，某些事件可能与季节性因素有关，比如对需求的影响、对价格或利息上升的预期，甚至对运输能力不足的担心。

稳定：为消除过程中的差异而采取的措施，以提高效率和质量并降低成本。

暂存货物：已将货物转移到指定位置，直到将其转移到最终目的地。可以将其作为发行前准备工作的一部分，或者出于安全方面的考虑。

收货区的暂存：准备货物以供使用或运输的过程，包括将货物转移至指定的区域。

标准化：为减少差异、提高效率和质量并降低成本而建立并实施一致的流程。

标准上架时间：根据接收、卸载和上架特定产品的数量确定所需的时间；标准上架时间用于计算 ROPI，这是一个 KPI。

筹办成本：与开办企业有关的所有费用之和，是在实际开展业务之前就产生的费用。

工作说明书（Statement of Work，SOW）：定义所需具体工作的文件，通常包含在建议邀请书中。

缺货（库存缺货）：当客户需要产品时，仓库中没有足够的产品。

缺货成本：与当前库存中某产品无法满足需求相关的所有成本之和，包括销售或收入损失、劳动力浪费和商业信誉损失等。

储存：在仓库内储存货物，以备未来需求。

存储协议：一方存储产品以换取另一方付款的双方协议，或具有法律约束力的存储服务合同。

伸缩包装：透明的薄膜包装纸，用于包裹装货物的纸箱，也可将物品捆扎在一起。

沉没成本：过去发生的无法收回的成本。

货物押运人：员工的领导人员。

供应商绩效指标（Supplier Performance Index，SPI）：对供应商绩效方面的定量衡量标准，用于帮助管理供应商，也可用于评估供应商。

供应链：将产品从制造商处转移到客户手上的所有活动组成的复合"系统"。

供应链管理：将产品从制造商处转移到客户手上的过程所涉及的对所有活动的管理。

附加费：由于意外影响导致运营商成本大幅增加而产生的超出预期范围的额外费用，在合同谈判时意料之外的中期燃油加价可能会在货运单上显示为附加费。

关税：对进口商品征收的货币税，包含基于确定的货运分类的实际运费，并且特定于从始发地到目的地的货运路线以及货运重量。

任务交叉：由计算机分配的任务，通常根据要在仓库内执行的下一个关键任务而分配。任务分配时将考虑操作员的位置和操控的设备。

税收激励：市政府可能会提供税收优惠措施，使公司选择其所在地区来建造仓库。

第三方物流供应商：促进其他两个供应链合作伙伴之间的产品和服务交换，通常是运营商或制造商和客户。

吞吐量：WMS 允许将交织在一起的各项任务分配给单个操作员；将

根据关键因素分配特定任务,这些关键因素可能包括升降机操作员在最近完成的任务中所处的位置、设备类型、技能水平、未完成任务的时间敏感性以及其他有能力的操作员工作时的位置和可用性。

捆绑带:指产品在托盘上一层的配置,当每隔一层旋转时,辅助将纸箱互捆在一起。

基于时间的战略:由活动和流程组成的战略计划,这些活动和流程可以灵活地应对供应链中的变化。

总持有成本:在整个产品生命周期内与产品的持有权相关的所有成本之和。

总分销成本:产品从制造商处到最终用户处的过程中与分销相关的所有成本之和。

平板车式集装箱拖车(Trailer on Flat Car,TOFC):利用机动车辆的灵活性和铁路的燃油效率降低运输成本和管理费用,从而为客户提供多式联运服务。

中转货棚:属于商船海运码头的仓库设施,用于临时存储、加工和交叉运输进出口货物。

运输时间:运营商将订单从始发地运输到目的地所需的时间。

运输成本:将产品从制造商处运输到客户处的过程所涉及的所有成本之和。

运输管理系统(Transportation Management System,TMS):帮助简化运输过程的系统;TMS可以帮助优化模式、选择运营商,以及优化负载构建配置,甚至可以对多个单独的订单进行合并。

运输/货运经理:负责为客户雇用和管理运输基地,此事物可以与仓库操作分开或作为仓库操作的一部分。

整车运输（Truckload，TL）：通常由一个或多个订单组成的大型运输，从单一的产地直接运输到目标客户处；在最有效的情况下，货物将填满最大可用容量。

单位化：将多个部件合并为单个组合。将纸箱内的零件组合在一起，使仓库管理员可以统一处理所有零件，例如将箱子放在托盘上，以创造更大的搬运经济性。

单位负载：将多个纸箱打包一起放在一个托盘上，通常将它们拉伸包装在一起以创建一个单元，而不是将纸箱作为单独的运输单位进行处理和管理。

上游：在供应链上寻找一级供应商，然后到二级供应商，再到三级供应商，依此类推，以迈向先前的供应链合作伙伴。

美国对外贸易区委员会：负责提供有关申请自由贸易区现有区域、分区以及其他区域的信息，以帮助理解使用美国自由贸易区。

多用途牵引机司机（Utility Tractor Driver，UTR）：多用途的牵引机械的司机。

增值服务（Value-Added Service，VAS）：由仓库执行的独特的客户服务要求，为客户增加了可观的价值。

可变成本：指随着产出成比例变化的成本，包括直接材料成本和直接人工成本；随着产量的增加，这些成本也会增加；随着产量的减少，这些成本也随之减少。

方差：预期与实际情况之间的差异，过程差异会影响及时性、质量和成本。

步行式叉车:一种低举重的托盘搬运车类型的物料搬运设备。

仓库:接收和存储产品以满足未来客户需求,VAS 可能会超出长期存储范围。

仓库管理系统(Warehouse Management System,WMS):一套软件,可协助管理仓库,最大限度地降低成本和提高性能。

仓储成本占销售额的比率:定义为"每个订单的平均仓储成本 ÷ 总销售额 ×100%"。

每个订单的仓储成本:定义为"总仓储成本 ÷ 管理的订单总数"。

仓储教育和研究协会(Warehousing Education and Research Council,WERC):专注于分销和仓库管理及其在供应链中的作用。

仓储策略:包括公共仓库、自营仓库或合同仓库等备选策略。

担保:可执行条款的合同担保,其中包括承诺的产品或服务。

车轮挡块:由硬质材料(木材、橡胶和金属)制成的楔形物体,位于汽车车轮后方,以防止意外滑动。

区域拣选策略:将操作员分配到指定的库存拣配区域的策略。区域拣选可以使操作员在处理一组有限的 SKU 方面获得经验并提高熟悉度,还可以提高拣选准确性和速度。